みんなが欲しかった！
簿記の問題集

滝澤ななみ
Nanami Takizawa

日商 **3** 級
商業簿記

はしがき

　本書は、日商簿記検定に合格する力を身につけることを目的とした受験対策用の問題集です。同シリーズの『簿記の教科書（別売り）』が終わったあとに、本書をご使用ください。

　効率よく試験に合格していただけるよう、本書に次の特徴をもたせています。

１．いきなり本試験レベルの問題からスタート

　どれだけテキストの内容を理解していようと、本試験レベルの問題が解けなければ試験に合格することはできません。そこで、本シリーズでは、簿記の処理を確認するための基本的な問題については、『簿記の教科書』の基本問題にその役割をゆだね、本書『簿記の問題集』ではいきなり本試験レベルの問題から収載しています。

　これによって、基本問題をテキストと問題集とで2回解くという無駄を省いています。

２．頻出の問題パターンをピックアップ

　各問において、頻出の問題パターンをピックアップしているので、これらの問題をしっかりマスターすることによって、効率よく合格する力を身につけることができます。

３．３回分の模擬試験付き、さらにネット試験用模擬試験プログラムも

　本試験と同様の総合問題を3回分、収載しています。時間（60分）を計って解くことによって、本試験の感覚をつかむことができます。また、購入者特典として、Web上でいつでもどこでもネット試験形式の問題を解いていただける模擬試験プログラムをご用意していますので、ネット試験を受けられる方は、ぜひチャレンジしてみてください。

　なお、3回分の模擬試験で日商3級の頻出パターンをほぼ網羅していますので、『簿記の教科書』と『簿記の問題集』の2冊だけで試験に合格することが十分可能です。

　どうか本書をご活用いただき、問題を解く力を身につけてください。皆様の合格を心よりお祈り申し上げます。

※　本書は「簿記の問題集　日商3級　商業簿記　第11版」について、近年の出題傾向等に対応するため、改訂を行いました。

　　・補助簿の選択
　　・諸掛り

2024年1月

滝澤ななみ

『簿記の問題集』の効果的な使いかた

❶ 個別問題を第1問対策から順次解く!

教科書の基本問題を一通りマスターし
たら、本試験レベルの問題をテーマ別
に解きましょう。最初のページでは設
問ごとに、本試験での問われ方も解説
しています。また、解答するさいは、
別冊の答案用紙もご利用ください。

❷ 間違えた問題は、教科書に戻って確認しましょう♪

問題ごとに、『簿記の教科書』の対応
CHAPTERが記載されています。
間違えた問題は、しっかり復習しまし
ょう。

❸ 解説中のポイントは、試験直前の確認にも便利です。

教科書に戻っている時間はない! と
いうあなたは、問題集にも、ポイント
要素がきちんとまとめられていますの
で、しっかり読み込み、復習しましょう。

**❹ 全部解けるようになったら、3回分の模擬試験問題を解く! ネット
試験受験生は模擬試験プログラムにチャレンジ!**

本試験と同じ形の模擬試験です。
頻出問題が3回分に集約されているの
で、知識の総まとめに最適です。
また、第1回の解き方を全問解説して
います。QRコードから動画をチェッ
クして、時間配分など本試験の解き方
のコツもつかんでおきましょう。

 合格☆☆

日商簿記３級試験について

受験資格	なし
試 験 日	統一試験：年３回 ６月（第２日曜日）／11月（第３日曜日）／２月（第４日曜日） ネット試験：随時（テストセンターが定める日時。 　　　　　　　　ただし、統一試験前後の10日間他、休止期間 　　　　　　　　あり）
申込方法	統一試験：試験の約２か月前から開始。申込期間は、各商工会議 　　　　　　所によって異なります。 ネット試験：テストセンターの申込サイトより随時。
受 験 料 （税込）	3,300円 ※　2024年４月１日施行分より。なお、一部の商工会議所およびネット試験では事務手数料がかかります。
試験科目	商業簿記
試験時間	60分
合格基準	70点以上

　刊行時のデータです。最新の情報は、商工会議所の検定試験ホームページ（https://www.kentei.ne.jp/）をご確認ください。

　なお、簿記入門者向けに簿記初級が、原価計算入門者向けに原価計算初級がネット試験（40分）にて実施されています。

 # 本試験の出題傾向（３級商業簿記）

第１問	仕訳問題が15題以内で出題されます。配点は45点です。 （CH.02〜06、09、11、12）
第２問	商品有高帳や小口現金出納帳などの帳簿に関する問題や伝票に関する問題、訂正仕訳、決算仕訳、勘定記入などが出題されます。配点は20点です。（CH.06、07、09、12など）
第３問	精算表を作成する問題、財務諸表を作成する問題が出題されます。配点は35点です。（CH.11、12）

※CH.は、『簿記の教科書　日商３級（別売り）』の関連CHAPTERを示しています。

目 次

第1問対策 ——————————————————— 2

		問 題	解答解説	答案用紙(別冊)
❶	商品売買	3	56	2
❷	現金預金	5	59	3
❸	手形と電子記録債権（債務）	7	62	4
❹	有形固定資産	8	64	5
❺	その他の取引－Ⅰ	10	67	6
❻	その他の取引－Ⅱ	13	72	8
❼	決算に関する取引等	18	77	10
❽	伝票の起票	22	83	11

第2問対策 ——————————————————— 24

		問 題	解答解説	答案用紙(別冊)
❶	補助簿の選択	25	85	12
❷	補助簿の選択等	26	87	12
❸	勘定記入－Ⅰ	27	89	12
❹	勘定記入－Ⅱ	28	91	13
❺	勘定記入－Ⅲ	29	93	13
❻	勘定記入－Ⅳ	30	98	14
❼	勘定記入－Ⅴ	31	102	14
❽	勘定記入－Ⅵ	32	104	15
❾	勘定記入－Ⅶ	33	106	15
❿	商品有高帳－Ⅰ	34	109	16
⓫	商品有高帳－Ⅱ	35	110	17
⓬	小口現金出納帳	36	112	18
⓭	手形記入帳－Ⅰ	37	114	19
⓮	手形記入帳－Ⅱ	37	115	19
⓯	売掛金元帳・買掛金元帳	38	116	19
⓰	決算仕訳	39	117	20
⓱	証ひょうからの読み取り	40	120	20

		問 題	解答解説	答案用紙(別冊)
⑱	伝票－Ⅰ	41	122	21
⑲	伝票－Ⅱ	42	125	22
⑳	仕訳日計表	43	127	22
㉑	空欄補充等	44	129	23

第3問対策 ——————————————————— 46

		問 題	解答解説	答案用紙(別冊)
❶	精算表の作成	47	131	24
❷	財務諸表の作成－Ⅰ	48	137	25
❸	財務諸表の作成－Ⅱ	50	142	26
❹	決算整理後残高試算表の作成	52	148	27

模擬試験 ————————————————————————

	問題(別冊)	解答解説	答案用紙(別冊)
第1回	1	153	5
第2回	9	166	13
第3回	17	179	21

※　模擬試験は、問題、答案用紙は別冊、解答解説は本書の中にあります。

※　答案用紙については、ダウンロードでもご利用いただけます。TAC出版
　　書籍販売サイト・サイバーブックストアにアクセスしてください。
　　https://bookstore.tac-school.co.jp/

模擬試験プログラム＆仕訳アプリで訓練しよう！

本書購入の読者には、2つの特典をご用意しています。

①ネット試験の演習ができる、「模擬試験プログラム」

実際にパソコンで解いてみると、下書用紙の使い方や、日本語入力への切り替えなど、ペーパー試験とは違った工夫が必要なことに気づかれると思います。ネット試験を受験される方は、ぜひひこの模擬試験プログラムにアクセスして、ネット試験を体験してみてください。

②仕訳Webアプリ「受かる！仕訳猛特訓」

新試験方式になり、本試験における仕訳の重要度がさらに高まりました。仕訳を制する者は、本試験を制するといっても過言ではありません。スキマ時間などを使い、仕訳を徹底的にマスターして本試験にのぞんでください！
※本サービスの提供期間は、本書の改訂版刊行月末日までです。

（免責事項）
(1) 本アプリの利用にあたり、当社の故意または重大な過失によるもの以外で生じた損害、及び第三者から利用者に対してなされた損害賠償請求に基づく損害については一切の責任を負いません。
(2) 利用者が使用する対応端末は、利用者の費用と責任において準備するものとし、当社は、通信環境の不備等による本アプリの使用障害については、一切サポートを行い011ません。
(3) 当社は、本アプリの正確性、健全性、適用性、有用性、動作保証、対応端末への適合性、その他一切の事項について保証しません。
(4) 各種本試験の申込、試験申込期間などは、必ず利用者自身で確認するものとし、いかなる損害が発生した場合であっても当社では一切の責任を負いません。

（推奨デバイス）スマートフォン®・PC・タブレット
※仕訳Webアプリのみ
（推奨ブラウザ）Microsoft Edge 最新版／Google Chrome 最新版／Safari 最新版

詳細は、下記URLにてご確認ください。
https://shiwake.tac-school.co.jp/login/3
https://program.tac-school.co.jp/login/3

模擬試験プログラム＆仕訳Webアプリへのアクセス方法

STEP 1 　TAC出版　検索

STEP 2 　📖 書籍連動ダウンロードサービス　にアクセス

STEP 3 　パスワードを入力
240211009

＼ Start! ／

日商3級　問題編
第1問対策～第3問対策

●仕訳問題における解答上の注意事項●

仕訳問題における各設問の解答にあたっては、勘定科目の使用は、借方と貸方で各1回までとしてください（各設問につき同じ勘定科目を借方・貸方の中で2回以上使用してしまうと不正解となります）。

[○正解となる例：各勘定科目を借方・貸方の中で1回だけ使用している]

借	方	貸	方
記　　　号	金　　額	記　　　号	金　　額
(ウ)現　　　　金	1,000	(オ)売　　　　上	3,000
(カ)売　掛　金	2,000		

[×不正解となる例：貸方の中で同じ勘定科目を2回使用している]

借	方	貸	方
記　　　号	金　　額	記　　　号	金　　額
(ウ)現　　　　金	1,000	(オ)売　　　　上	1,000
(カ)売　掛　金	2,000	(オ)売　　　　上	2,000

第１問の配点は45点で、15題以内の仕訳問題が出題されます。

勘定科目は指定されるので、指定された勘定科目の記号で答えてください。

配点が高く、問題数が多いので、素早く正確に解答できるように仕訳問題を訓練しておきましょう。

ここでは論点ごとに、本試験レベルの仕訳を確認していきましょう。

問題No.	論　点	「教科書」との対応
第１問対策−❶	商品売買	CHAPTER02、06
第１問対策−❷	現金預金	CHAPTER03
第１問対策−❸	手形と電子記録債権（債務）	CHAPTER04
第１問対策−❹	有形固定資産	CHAPTER05、11
第１問対策−❺	その他の取引−Ⅰ	CHAPTER06
第１問対策−❻	その他の取引−Ⅱ	CHAPTER06
第１問対策−❼	決算に関する取引等	CHAPTER11、12
第１問対策−❽	伝票の起票	CHAPTER09

商品売買

📖教科書 CHAPTER 02、06
📝解答解説 56ページ

次の取引について仕訳しなさい。ただし、勘定科目は設問ごとにもっとも適当と思われるものを選び、記号で解答すること。

1．商品￥50,000を仕入れ、代金のうち￥10,000はすでに支払った手付金を充当し、残額は掛けとした。なお、引取運賃￥1,000は現金で支払った。

　　ア．現金　イ．売掛金　ウ．前払金　エ．前受金　オ．買掛金　カ．仕入

2．先週末に掛けで仕入れた商品50個（＠￥6,000）のうち、本日、5分の1を返品し、代金は掛け代金から控除した。

　　ア．現金　イ．売掛金　ウ．商品　エ．買掛金　オ．売上　カ．仕入

3．販売用の中古車を￥660,000で購入し、代金は掛けとした。なお、当社では中古車販売業を営んでいる。

　　ア．現金　イ．売掛金　ウ．車両運搬具　エ．仕入　オ．買掛金　カ．未払金

4．得意先に掛けで商品80個（取得原価は＠￥5,000、売価は＠￥8,000）を販売していたが、このうち2個が品違いのため、返品されてきた。

　　ア．現金　イ．売掛金　ウ．商品　エ．買掛金　オ．売上　カ．仕入

5．北海道商事は青森商事へ商品￥203,000（送料込み）を販売し、代金は月末に受け取ることにした。また、同時に配送業者にこの商品を引き渡し、送料￥3,000（費用処理する）は小切手を振り出して支払った。

　　ア．現金　イ．当座預金　ウ．売掛金　エ．買掛金　オ．売上　カ．発送費

6．商品￥155,000（送料込み）を販売し、代金のうち￥20,000はすでに受け取った手付金を充当し、残額は掛けとした。同時に運送会社に商品を引き渡し、送料￥5,000（費用処理する）は後日支払うことにした。

　　ア．発送費　イ．売上　ウ．前払金　エ．未払金　オ．前受金　カ．売掛金

7．商品¥200,000をクレジット払いの条件で販売するとともに、信販会社へのクレジット手数料（販売代金の2％）を計上した。

    ア．現金　イ．当座預金　ウ．売掛金　エ．クレジット売掛金　オ．売上

    カ．支払手数料

8．東京商事は、埼玉商事に対する1か月の売上（月末締め、翌月末日払い）を集計して次の請求書の原本を発送した。なお、埼玉商事に対する売上は、商品発送時ではなく、1か月分をまとめて仕訳を行うこととしている。

請　求　書（控）

埼玉商事　御中

株式会社東京商事

品　　　物	数　　量	単　　価	金　　額
ミートソース	200	100	¥20,000
カルボナーラ	150	140	¥21,000
ペペロンチーノ	100	180	¥18,000
合　　計			¥59,000

×2年8月31日までに合計額を下記口座へお振込みください。
双葉銀行丸の内支店　普通　1234567　カ）トウキョウショウジ

    ア．現金　イ．当座預金　ウ．売掛金　エ．買掛金　オ．売上　カ．発送費

現金預金

📖教科書 CHAPTER 03
📝解答解説 59ページ

次の取引について仕訳しなさい。ただし、勘定科目は設問ごとにもっとも適当と思われるものを選び、記号で解答すること。

1．得意先秋田商事から掛け代金の決済として、送金小切手¥100,000が送られてきた。
　　ア．現金　イ．当座預金　ウ．普通預金　エ．売掛金　オ．買掛金
　　カ．支払手数料

2．普通預金口座から現金¥150,000を引き出した。
　　ア．当座預金　イ．普通預金　ウ．雑損　エ．支払手数料　オ．現金
　　カ．未払金

3．決算日において、現金過不足（現金不足額）¥5,000の原因を調査した結果、通信費¥7,000と受取手数料¥2,000の計上もれが判明した。
　　ア．現金　イ．受取手数料　ウ．雑益　エ．通信費　オ．雑損　カ．現金過不足

4．小口現金係から、次のとおり1週間分の支払報告を受けたため、ただちに支払額と同額の小切手を振り出して資金を補給した。なお、当社では、定額資金前渡制度（インプレスト・システム）により、小口現金係から毎週金曜日に一週間の支払報告を受け、これにもとづいて資金を補給している。
　　電車代　¥7,200　文房具代　¥6,700　切手代　¥2,400
　　お茶菓子代　¥2,200
　　ア．当座預金　イ．旅費交通費　ウ．消耗品費　エ．通信費　オ．雑費
　　カ．雑損

5．営業活動で利用する電車とバスの料金支払用ICカードに、現金¥10,000を入金し、領収証を受け取った。なお、入金時に全額を費用処理する方法を用いている。
　　ア．現金　イ．普通預金　ウ．前払金　エ．前受金　オ．旅費交通費
　　カ．支払手数料

6．A銀行とX信用金庫に当座預金口座を開設し、それぞれの当座預金口座に現金
　¥100,000を預け入れた。なお、管理のために口座ごとに勘定を設定することとし
　た。
　　ア．現金　イ．普通預金A銀行　ウ．普通預金X信用金庫　エ．当座預金A銀行
　　オ．当座預金X信用金庫

手形と電子記録債権（債務）

📖教科書 CHAPTER 04
解答解説 62ページ

次の取引について仕訳しなさい。ただし、勘定科目は設問ごとにもっとも適当と思われるものを選び、記号で解答すること。

1．宮城商事より商品¥300,000を仕入れ、代金のうち¥100,000については、約束手形を振り出し、残額は掛けとした。
　　ア．売掛金　イ．受取手形　ウ．買掛金　エ．支払手形　オ．売上　カ．仕入

2．得意先茨城商事に商品¥800,000を販売し、代金のうち¥300,000は同社振出の約束手形を受け取り、残額は掛けとした。
　　ア．現金　イ．売掛金　ウ．受取手形　エ．売上　オ．仕入　カ．発送費

3．多摩川商店に対する売掛金¥200,000の回収として、電子記録債権の発生記録がされた旨の連絡を取引銀行から受けた。
　　ア．当座預金　イ．売掛金　ウ．電子記録債務　エ．電子記録債権　オ．買掛金
　　カ．支払手数料

4．埼玉商事は、群馬商事に対する買掛金¥100,000の支払いについて、電子記録債務を用いることとし、同社の承諾を得たうえで、取引銀行を通じて電子記録債務の発生記録を行った。
　　ア．売掛金　イ．受取手形　ウ．電子記録債権　エ．買掛金　オ．支払手形
　　カ．電子記録債務

5．以前に買掛金¥100,000の決済として電子記録債務の発生記録を行っていたが、本日、その支払期限となったため、当座預金口座から決済された。
　　ア．当座預金　イ．普通預金　ウ．受取手形　エ．電子記録債権　オ．買掛金
　　カ．電子記録債務

有形固定資産

📖教科書 CHAPTER 05、11
📄解答解説 64ページ

　次の取引について仕訳しなさい。ただし、勘定科目は設問ごとにもっとも適当と思われるものを選び、記号で解答すること。

1．店舗用の建物を¥2,000,000で購入し、代金は当月末に支払うことにした。なお、仲介手数料¥20,000は小切手を振り出して支払った。
　　ア．当座預金　イ．売掛金　ウ．未収入金　エ．建物　オ．買掛金
　　カ．未払金

2．オフィス機器¥250,000と事務用の消耗品¥20,000を購入し、代金のうち¥70,000は小切手を振り出して支払い、残額は来月末からの4回払いとした。
　　ア．当座預金　イ．未収入金　ウ．備品　エ．買掛金　オ．未払金
　　カ．消耗品費

3．所有する土地（購入価額¥850,000、購入手数料¥17,000）を¥855,000で売却し、代金は後日受け取ることにした。
　　ア．売掛金　イ．未収入金　ウ．土地　エ．固定資産売却益　オ．支払手数料
　　カ．固定資産売却損

4．当期首において、備品（取得原価¥400,000、減価償却累計額¥225,000、間接法で記帳）を¥182,000で売却し、代金は後日受け取ることにした。
　　ア．普通預金　イ．未収入金　ウ．備品　エ．固定資産売却益
　　オ．固定資産売却損　カ．備品減価償却累計額

5．車両（×2年4月1日に取得、取得原価¥3,000,000、残存価額はゼロ、耐用年数6年、減価償却方法は定額法、間接法により記帳）を×6年6月30日に¥1,000,000で売却し、売却代金は翌月末日に受け取ることにした。なお、当社の決算日は3月31日である。減価償却費は月割計算によること。

　　ア．未収入金　イ．車両運搬具　ウ．固定資産売却益　エ．減価償却費

　　オ．固定資産売却損　カ．車両運搬具減価償却累計額

6．営業用の建物の改良と修繕を行い、代金¥3,000,000を小切手を振り出して支払った。なお、支払額のうち¥2,200,000は建物の価値を高めるための資本的支出であり、残額は建物の機能を維持するための収益的支出である。

　　ア．当座預金　イ．普通預金　ウ．建物　エ．固定資産売却益　オ．修繕費

　　カ．固定資産売却損

その他の取引−Ⅰ

教科書 CHAPTER 06
解答解説 67ページ

次の取引について仕訳しなさい。ただし、勘定科目は設問ごとにもっとも適当と思われるものを選び、記号で解答すること。

1．取引先より¥100,000を借り入れ、その全額が当座預金の口座に振り込まれた。なお、借入れにさいして約束手形を振り出している。
　　ア．当座預金　イ．普通預金　ウ．手形貸付金　エ．支払手形　オ．手形借入金

2．かねて手形を振り出して借り入れていた¥800,000の返済期日となったため、同額が当座預金口座から引き落とされるとともに手形の返却を受けた。
　　ア．当座預金　イ．立替金　ウ．貸付金　エ．手形借入金　オ．支払手形
　　カ．受取手形

3．得意先に対して年利率2.4％、期間10か月で¥600,000を貸し付けていたが、本日満期日のため、利息とともに返済を受け、当座預金口座に入金された。
　　ア．当座預金　イ．普通預金　ウ．貸付金　エ．借入金　オ．受取利息
　　カ．支払利息

4．当月分の借入金の利息が普通預金口座から引き落とされた。利息の引落額は元本¥500,000に年利率7.3％を適用し、30日分（1年を365日とする）で計算した額である。
　　ア．当座預金　イ．普通預金　ウ．借入金　エ．支払手数料　オ．支払利息
　　カ．受取利息

5．山梨商事に商品¥100,000を注文し、手付金として¥40,000を小切手を振り出して渡した。
　　ア．現金　イ．当座預金　ウ．前払金　エ．未収入金　オ．前受金　カ．仕入

6．商品¥40,000の注文を受け、手付金として先方振出の小切手¥20,000を受け取った。

  ア．現金 イ．当座預金 ウ．前払金 エ．前受金 オ．売上 カ．仕入

7．仕入先に注文しておいた商品を本日引き取った。代金¥300,000については、注文時に支払った手付金¥30,000を差し引き、残額については約束手形を振り出した。

  ア．当座預金 イ．受取手形 ウ．前払金 エ．支払手形 オ．前受金

  カ．仕入

8．得意先静岡商事から当座預金口座に¥80,000の振り込みがあった。このうち¥50,000は商品の注文を受けたさいの内金であるが、残額については内容不明であり、現在、問い合わせ中である。

  ア．当座預金 イ．売掛金 ウ．仮払金 エ．仮受金 オ．前受金 カ．売上

9．従業員の出張にさいし、旅費の概算額¥50,000を現金で渡した。

  ア．現金 イ．当座預金 ウ．仮払金 エ．未払金 オ．仮受金

  カ．旅費交通費

10．従業員が出張から戻り、旅費の残額として¥5,500を現金で受け取った。なお、出張にあたって、従業員には旅費の概算額¥60,000を手渡していた。

  ア．現金 イ．当座預金 ウ．仮払金 エ．未払金 オ．仮受金

  カ．旅費交通費

11．従業員が出張から帰社し、旅費の精算をしたところ、あらかじめ概算額で仮払いしていた¥30,000では足りず、不足額¥5,000を従業員が立替払いしていた。なお、この不足額は次の給料支払時に従業員へ支払うため、未払金として計上した。

  ア．仮払金 イ．前払金 ウ．立替金 エ．未払金 オ．給料 カ．旅費交通費

12．出張中の従業員から当座預金口座に振り込まれ、仮受金として処理していた¥70,000は、得意先から回収した売掛代金であることが判明した。

  ア．当座預金 イ．売掛金 ウ．仮払金 エ．前払金 オ．仮受金 カ．前受金

13. 従業員に対する給料の支払いにあたって、給料総額￥580,000のうち、かねて立替払いしていた従業員負担の生命保険料￥15,000と、所得税の源泉徴収分￥87,000を差し引き、残額は現金で支給した。

    ア．現金　イ．仮払金　ウ．前払金　エ．従業員立替金　オ．所得税預り金

    カ．給料

14. 給料日に、給料総額から源泉所得税￥40,000を差し引き、残額￥360,000を当座預金口座から従業員の普通預金口座に振り込んだ。

    ア．現金　イ．当座預金　ウ．前払金　エ．従業員立替金　オ．所得税預り金

    カ．給料

15. 7月1日、本年度の雇用保険料￥72,000を一括して現金で納付した。このうち従業員負担分は￥24,000（月額￥2,000）で、残額は会社負担分である。従業員負担分については、4月から6月までの3か月分は給料から毎月月額相当額を差し引いて支給しているが、7月以降の9か月分については、いったん会社が立て替えて支払い、その後の毎月の給料から精算することとしている。

    ア．現金　イ．従業員立替金　ウ．所得税預り金　エ．社会保険料預り金

    オ．給料　カ．法定福利費

その他の取引－Ⅱ

📖教科書 CHAPTER 06
📝解答解説 72ページ

次の取引について仕訳しなさい。ただし、勘定科目は設問ごとにもっとも適当と思われるものを選び、記号で解答すること。

1．商品￥80,000を売り上げ、代金のうち￥50,000は自治体が発行している商品券で受け取り、残額は現金で受け取った。

　　ア．現金　イ．売掛金　ウ．受取手形　エ．受取商品券　オ．売上　カ．仕入

2．上記1.の商品券をすべて精算し、同額の現金を受け取った。

　　ア．現金　イ．売掛金　ウ．受取手形　エ．受取商品券　オ．売上　カ．仕入

3．新規の店舗としてビルの3階部分を1か月あたり￥234,000で賃借する契約を結んだ。契約にあたり敷金（家賃の2か月分）および不動産業者に対する仲介手数料（家賃の1か月分）を小切手を振り出して支払った。

　　ア．現金　イ．当座預金　ウ．差入保証金　エ．支払家賃　オ．支払地代
　　カ．支払手数料

4．事務所として1か月あたり￥300,000で賃借している建物の賃貸借契約が終了し、契約時に支払った敷金（家賃の2か月分）のうち、修繕費￥450,000を差し引かれた残額が普通預金口座に入金された。

　　ア．当座預金　イ．普通預金　ウ．支払家賃　エ．修繕費　オ．差入保証金
　　カ．支払手数料

5．建物と土地の固定資産税￥350,000の納付書を受け取り、ただちに当座預金口座から振り込み、納付した。

　　ア．現金　イ．当座預金　ウ．建物　エ．土地　オ．支払手数料
　　カ．租税公課

6．郵便切手￥5,000と収入印紙￥20,000を購入し、現金で支払った。なお、郵便切手と収入印紙はただちに使用した。

 ア．貯蔵品　イ．現金　ウ．通信費　エ．支払手数料　オ．租税公課

 カ．消耗品費

7．給与支給時に給料総額から天引きした従業員負担分の社会保険料（健康保険料￥180,000、厚生年金保険料￥300,000）に会社負担分（従業員負担分と同額）を加算した金額を普通預金口座から納付した。

 ア．給料　イ．法定福利費　ウ．従業員立替金　エ．従業員預り金

 オ．普通預金　カ．租税公課

8．商品￥200,000（税抜価額）を仕入れ、代金は消費税10％を含めて掛とした。なお、消費税については税抜方式で処理する。

 ア．現金　イ．仮払消費税　ウ．買掛金　エ．仮受消費税　オ．未払消費税

 カ．仕入

9．福島商事に商品￥550,000（税込価額）を売り上げ、代金のうち￥300,000は約束手形（同社振出）で受け取り、残額については小切手（同社振出）で受け取った。なお、消費税については税率10％で税抜方式で処理する。

 ア．現金　イ．当座預金　ウ．売掛金　エ．受取手形　オ．仮払消費税

 カ．仮受消費税　キ．売上

10．株式会社の設立にあたり、株式100株を1株あたり￥20,000で発行し、払込金額のすべてが普通預金口座に預け入れられた。

 ア．現金　イ．当座預金　ウ．普通預金　エ．前受金　オ．資本金

 カ．繰越利益剰余金

11. 事務作業に使用する物品を購入し、品物とともに次の請求書を受け取った。なお、代金は後日支払うこととした。

<table>
<tr><td colspan="4" style="text-align:center">請 求 書</td></tr>
</table>

請　求　書

東京商事株式会社　御中

株式会社うなぎ電器

品　　物	数　量	単　価	金　額
デスクトップパソコン	1	250,000	¥250,000
プリンター用紙（500枚入）	10	500	¥　5,000
セッティング代	1	4,000	¥　4,000
	合　　計		¥259,000

×2年10月31日までに合計額を下記口座へお振込みください。
　友住銀行東新宿支店　普通　1234567　カ）ウナギデンキ

　ア．現金　イ．備品　ウ．買掛金　エ．未払金　オ．消耗品費　カ．支払手数料

12. 出張から戻った従業員から次の領収書と報告書が提出されるとともに、以前に概算払いしていた¥20,000との差額を現金で受け取った。なお、電車賃は領収書なしでも費用計上することにしている。

旅費交通費支払報告書

佐藤太郎

移動先	手段等	領収書	金　　額
高崎駅	電車	無	¥　1,400
浅間商事　高崎支店	タクシー	有	¥　3,500
帰社	電車	無	¥　1,400
合　　計			¥　6,300

領　収　書

運賃　¥3,500 -

上記のとおり領収いたしました。
群馬交通㈱

領　収　書

金額　¥10,500 -

但し、宿泊料として
上記のとおり領収いたしました。
ホテルまんまる

　ア．現金　イ．仮払金　ウ．前払金　エ．仮受金　オ．未払金　カ．旅費交通費

13. 事務所の賃借契約を行い、以下の振込依頼書どおりに普通預金口座から振り込み、賃借を開始した。なお、仲介手数料は費用として処理すること。

振 込 依 頼 書

東京商事株式会社　御中

株式会社山根不動産

ご契約いただき、ありがとうございます。下記の金額を以下の口座へお振込みいただきますよう、よろしくお願いいたします。

内　　　　　　　容	金　　額
仲介手数料	￥ 75,000
敷金	￥300,000
初月賃料	￥150,000
合　計	￥525,000

みずたま銀行　江戸川橋支店　当座4649103　カ）ヤマネフドウサン

　ア．現金　イ．普通預金　ウ．差入保証金　エ．支払家賃　オ．支払地代
　カ．支払手数料

14. 商品を仕入れ、品物とともに次の納品書を受け取り、代金は後日支払うこととした。なお、消費税については税抜方式で処理する。

納 品 書

東金商事　御中

つくば商事株式会社

品　　　物	数　量	単　価	金　　額
ファンシーボックス（Ｓ）	30	500	￥15,000
ファンシーボックス（Ｍ）	25	800	￥20,000
ファンシーボックス（Ｌ）	20	1,200	￥24,000
		消費税	￥ 5,900
		合　計	￥64,900

　ア．現金　イ．仮払消費税　ウ．買掛金　エ．仮受消費税　オ．未払消費税
　カ．仕入

15. 先日、商品￥86,000を掛けで仕入れたが、この取引について借方、貸方とも誤って￥68,000と記帳していた。よって、正しい金額に修正した。なお、修正にあたっては、取引すべてを修正するのではなく、一部のみを修正する方法によること。

　　ア．現金　イ．売掛金　ウ．前払金　エ．買掛金　オ．売上　カ．仕入

決算に関する取引等

🄼教科書 CHAPTER 11、12
🄴解答解説 77ページ

次の取引について仕訳しなさい。ただし、勘定科目は設問ごとにもっとも適当と思われるものを選び、記号で解答すること。

1. 期中において、現金の実際残高が帳簿残高より多かったため、現金過不足勘定で処理していた¥6,000のうち、¥2,000は受取手数料の記入漏れであることが判明した。なお、残額については決算日現在、不明のため、適当な科目に振り替えた。

 ア．現金 イ．受取手数料 ウ．雑益 エ．支払手数料 オ．雑損

 カ．現金過不足

2. 決算において、A銀行の当座預金口座が当座借越¥25,000となっている状態なので、適切な勘定に振り替える。なお、当社は複数の金融機関を利用しており、他の金融機関でも当座預金口座を開設しているため、口座ごとに勘定を設定している。また、当社は当座借越勘定を用いていない。

 ア．普通預金A銀行 イ．当座預金A銀行 ウ．貸付金 エ．借入金

 オ．受取利息 カ．支払利息

3. 前期の決算において、当座借越¥200,000が生じていたので、借入金に振り替える処理をしていたが、当期首においてこれを振り戻す処理を行う。

 ア．当座預金 イ．普通預金 ウ．貸付金 エ．借入金 オ．受取利息

 カ．支払利息

4. 決算において、すでに費用処理されている切手（84円切手）50枚と、はがき（@¥63）20枚が未使用であることが判明したため、適切な勘定に振り替える。

 ア．前払金 イ．貯蔵品 ウ．消耗品費 エ．通信費 オ．租税公課 カ．雑費

5. 決算において、郵便切手¥1,000と収入印紙¥15,000が未使用のまま残っていることが判明した。なお、郵便切手と収入印紙は購入時に費用処理している。
    ア．貯蔵品　イ．現金　ウ．通信費　エ．支払手数料　オ．租税公課
    カ．消耗品費

6. 得意先が倒産し、売掛金¥60,000（全額、前期に発生したものである）が回収不能となったので、貸倒れの処理を行う。なお、貸倒引当金の残高は¥20,000である。
    ア．売掛金　イ．貸倒引当金　ウ．償却債権取立益　エ．貸倒損失
    オ．貸倒引当金繰入　カ．雑損

7. 前期に貸倒処理した岡山商事に対する売掛金¥20,000のうち、¥15,000を現金で回収した。なお、貸倒引当金の残高は¥4,000である。
    ア．現金　イ．売掛金　ウ．貸倒引当金　エ．償却債権取立益　オ．貸倒損失
    カ．貸倒引当金繰入

8. 当期首において、前期末の決算によって計上した未払利息¥22,000について再振替仕訳を行った。
    ア．未収利息　イ．前払利息　ウ．未払利息　エ．前受利息　オ．受取利息
    カ．支払利息

9. 決算において、売上勘定の貸方残高¥2,540,000を損益勘定に振り替えた。
    ア．仕入　イ．売上　ウ．売上原価　エ．資本金　オ．繰越利益剰余金
    カ．損益

10. 決算において、仕入勘定で算定した売上原価¥1,650,000を損益勘定に振り替えた。
    ア．仕入　イ．売上原価　ウ．損益　エ．資本金　オ．繰越利益剰余金
    カ．売上

11. 当期の収益総額は¥1,230,000で費用総額は¥876,000であった。この差額を損益勘定から繰越利益剰余金勘定へ振り替える。

    ア．収益　イ．費用　ウ．損益　エ．資本金　オ．利益準備金

    カ．繰越利益剰余金

12. 株主総会において、繰越利益剰余金を財源として、株主配当金¥500,000、利益準備金積立額¥50,000が承認された。株主配当金については承認後、ただちに普通預金口座を通じて支払った。

    ア．当座預金　イ．普通預金　ウ．資本金　エ．利益準備金

    オ．繰越利益剰余金　カ．損益

13. 以下の納付書にもとづき、普通預金口座から振り込んだ。

    ア．普通預金　イ．仮払法人税等　ウ．未払法人税等　エ．租税公課

    オ．法人税、住民税及び事業税

14. 以下の納付書にもとづき、普通預金口座から振り込んだ。

ア．普通預金　イ．仮払法人税等　ウ．未払法人税等　エ．租税公課

オ．法人税、住民税及び事業税

伝票の起票

📖教科書 CHAPTER 09
📝解答解説 83ページ

　次の取引について仕訳しなさい。ただし、勘定科目は設問ごとにもっとも適当と思われるものを選び、記号で解答すること。

1．商品¥80,000を掛けで仕入れた。なお、引取運賃¥1,000は現金で支払った。この取引について出金伝票の記載が下記であった場合の振替伝票に記載される仕訳をしなさい。なお、当社は三伝票制を採用している。

出　金　伝　票	
科　　　目	金　額
仕　　　入	1,000

　　ア．現金　イ．売掛金　ウ．買掛金　エ．仕入　オ．発送費　カ．売上

2．商品¥120,000を売り上げた。なお、代金のうち¥20,000は先方振出しの小切手で受け取り、残額は掛けとした。この取引について入金伝票の記載が下記であった場合の振替伝票に記載される仕訳をしなさい。なお、当社は三伝票制を採用している。

入　金　伝　票	
科　　　目	金　額
売　　掛　　金	20,000

　　ア．現金　イ．当座預金　ウ．売掛金　エ．買掛金　オ．仕入　カ．売上

第2問の配点は20点で、補助簿、勘定記入、適語補充などから2題出題されます。
ここでは全体的に幅広く、いろいろな問題を解いておきましょう。

問題No.	論 点	「教科書」との対応
第2問対策－❶	補助簿の選択	CHAPTER07
第2問対策－❷	補助簿の選択等	CHAPTER07
第2問対策－❸	勘定記入－Ⅰ	CHAPTER07、12
第2問対策－❹	勘定記入－Ⅱ	CHAPTER07、12
第2問対策－❺	勘定記入－Ⅲ	CHAPTER07、12
第2問対策－❻	勘定記入－Ⅳ	CHAPTER07、12
第2問対策－❼	勘定記入－Ⅴ	CHAPTER07、12
第2問対策－❽	勘定記入－Ⅵ	CHAPTER07、12
第2問対策－❾	勘定記入－Ⅶ	CHAPTER02、07、12
第2問対策－❿	商品有高帳－Ⅰ	CHAPTER07
第2問対策－⓫	商品有高帳－Ⅱ	CHAPTER07
第2問対策－⓬	小口現金出納帳	CHAPTER07
第2問対策－⓭	手形記入帳－Ⅰ	CHAPTER07
第2問対策－⓮	手形記入帳－Ⅱ	CHAPTER07
第2問対策－⓯	売掛金元帳、買掛金元帳	CHAPTER07
第2問対策－⓰	決算仕訳	CHAPTER12
第2問対策－⓱	証ひょうからの読み取り	参考
第2問対策－⓲	伝票－Ⅰ	CHAPTER09
第2問対策－⓳	伝票－Ⅱ	CHAPTER09
第2問対策－⓴	仕訳日計表	CHAPTER09
第2問対策－㉑	空欄補充等	全範囲

補助簿の選択

🎓教科書 CHAPTER 07
📖解答解説 85ページ

当社は答案用紙に記載している補助簿を用いている。次の取引はどの補助簿に記入されるか、答案用紙の補助簿の記号に○印をつけなさい。

⑴　愛媛商事から商品￥40,000を仕入れ、代金のうち半分は約束手形を振り出して支払い、残額は掛けとした。

⑵　徳島商事に対する売掛金￥50,000を同社振出の小切手で受け取った。

⑶　さきに掛けで仕入れた商品のうち、￥1,000を返品した。なお、代金は掛け代金から減額する。

⑷　高知商事へ商品￥61,500（送料込み）を販売し、代金のうち￥20,000は高知商事振出の約束手形で受け取り、残額は掛けとした。なお、運送会社に送料￥1,500（費用処理する）を現金で支払った。

⑸　先月、建物￥10,000,000と土地￥15,000,000を購入する契約をしており、本日、建物および土地の引き渡しを受けた。購入代金のうち￥2,000,000は契約時に支払い仮払金として処理していた手付金を充当し、残額は当座預金口座から振り込んだ。

⑹　期首に営業用車両の買換えを行い、旧車両（取得原価￥600,000、減価償却累計額￥500,000）を下取りに出して新車両￥800,000を購入した。なお、下取価額は￥70,000であり、新車両の購入価額と旧車両の下取価額との差額は現金で支払った。

補助簿の選択等

教科書 CHAPTER 07
解答解説 87ページ

当社は下記の補助簿を用いている。以下の［4月中の取引］にもとづいて、下記の各問に答えなさい。

［補助簿］

現 金 出 納 帳	当座預金出納帳	小口現金出納帳
売 上 帳	仕 入 帳	受取手形記入帳
支払手形記入帳	売 掛 金 元 帳	買 掛 金 元 帳
商 品 有 高 帳	固 定 資 産 台 帳	

［4月中の取引］

4月1日　期首につき、当座借越￥100,000を当座預金勘定に振り替えた。

　　8日　商品￥350,000を売り上げ、代金のうち￥250,000は当座預金口座に入金され、残額は得意先振出しの約束手形で受け取った。

　　15日　貸付金￥200,000を回収し、利息￥3,000とともに当座預金口座に入金された。

　　20日　小口現金係より、小口現金の以下の支払報告を受け、ただちに小切手を振り出して小口現金を補給した。

　　　　通信費　￥5,000　旅費交通費　￥12,000

　　　なお、定額資金前渡法を採用している。

問1　8日と20日の取引について、記入される補助簿の数はいくつか。算用数字で解答しなさい。

問2　4月末時点の当座預金勘定の残高を答えなさい。なお、借方残高なら答案用紙の「借方」に、貸方残高なら答案用紙の「貸方」に○をつけること。

勘定記入－Ⅰ

教科書 CHAPTER 07、12
解答解説 89ページ

当社（当期は×2年4月1日から×3年3月31日まで）における保険料の支払いが生じた取引および決算整理事項にもとづいて、答案用紙の保険料勘定と前払保険料勘定に必要な記入をして締め切りなさい。なお、勘定記入にあたっては、日付、摘要、金額を（　　）内に取引日順に記入すること。ただし、摘要欄に記入する語句は下記の〔語群〕からもっとも適当と思われるものを選び、記号で答えること。

〔語　群〕
ア．現金　イ．普通預金　ウ．当座預金　エ．前払保険料　オ．保険料　カ．損益
キ．次期繰越

×2年12月1日　建物の購入にさいし、向こう6か月分の火災保険料￥60,000（1か月あたり￥10,000）を普通預金口座から支払った。
×3年3月31日　決算において、12月1日に支払った火災保険料のうち次期分を前払処理した。

勘定記入−Ⅱ

📖教科書 CHAPTER 07、12
📄解答解説 91ページ

　次の各勘定の空欄（アからコ）にあてはまる語句または金額を答えなさい。なお、決算日は３月31日である。

支　払　地　代

4／1	［　　ア　　］	（　イ　）	3／31	［　　ウ　　］		84,000
11／1	現　　　金	144,000	〃	損　　益	（　エ　）	
		（　　　　　）			（　　　　　）	

前　払　地　代

4／1	前 期 繰 越	70,000	4／1	［　　キ　　］	（　ク　）	
3／31	［　　オ　　］	（　カ　）	3／31	［　　ケ　　］	（　コ　）	
		（　　　　　）			（　　　　　）	

勘定記入－Ⅲ

📖教科書 CHAPTER 07、12
📝解答解説 93ページ

当社（決算日は3月31日）の以下の取引にもとづいて、答案用紙の各勘定に記入しなさい。当期は×3年4月1日から×4年3月31日までの1年である。各勘定には（日付）［摘要］〈金額〉の順に記入し、［摘要］は、下記の［摘要］の中からもっとも適当と思われるものを選び、記号で解答すること。また、日付欄には配点はないので、記入しなくてもよいこととし、すべての空欄が埋まるとは限らない。なお、答案用紙の ▢ 利息の ▢ には、未収・未払・前払・前受のいずれかが入る。

［摘　要］
ア．損益　イ．支払利息　ウ．未払利息　エ．前払利息　オ．前期繰越
カ．次期繰越　キ．当座預金　ク．借入金

［取　引］
1．×2年8月1日　銀行から¥2,000,000を年利率1.2％、期間1年で借り入れた。なお、利息の支払いは半年ごとの前払い（8月1日、2月1日）で行うため、向こう半年分の利息を差し引かれた金額が当座預金口座に入金された。
2．×3年2月1日　向こう半年分の利息を当座預金口座から支払った。
3．×3年3月31日　決算日につき、適切な利息の処理をした。
4．×3年4月1日　利息について再振替仕訳を行った。
5．×3年7月31日　返済日につき、借入金¥2,000,000を当座預金口座を通じて返済した。
6．×3年8月1日　銀行から¥3,000,000を年利率1.8％、期間1年で借り入れた。なお、利息の支払いは半年ごとの前払い（8月1日、2月1日）で行うため、向こう半年分の利息を差し引かれた金額が当座預金口座に入金された。
7．×4年2月1日　向こう半年分の利息を当座預金口座から支払った。
8．×4年3月31日　決算日につき、適切な利息の処理をした。

勘定記入-Ⅳ

⚫教科書 CHAPTER 07、12
⚫解答解説 98ページ

　以下の資料にもとづいて、答案用紙に記載された各勘定の空欄を埋めなさい。各勘定には（日付）［摘要］〈金額〉の順に記入し、［摘要］は、下記の［摘要］の中からもっとも適当と思われるものを選び、記号で解答すること。また、日付欄には配点はないので、記入しなくてもよいこととし、すべての空欄が埋まるとは限らない。

［摘　要］
　ア．普通預金　イ．前期繰越　ウ．法人税等　エ．未払法人税等
　オ．仮払法人税等　カ．繰越利益剰余金　キ．損益　ク．諸口
　ケ．次期繰越

［資　料］
1．当社の会計期間は3月31日を決算日とする1年間である。
2．法人税等の納付はすべて普通預金口座から行っている。
3．前期の11月30日に法人税等の中間納付額￥123,000を納付した。
4．前期末の決算において、法人税等￥326,000が確定し、中間納付額を控除した残額を未払法人税等として計上している。
5．当期の5月31日に、前期の未払法人税等の納付をした。
6．当期の11月30日に当期の法人税等の中間納付をした。納付額は前期の法人税等の半分である。
7．当期の決算において、法人税等を計上する。なお、法人税等は当期の利益に対して30％で計算する。

勘定記入ーⅤ

◎教科書 CHAPTER 07、12
◎解答解説 102ページ

次の各勘定に示した①から⑤にあてはまる金額または勘定科目を答案用紙に記入しなさい。ただし、勘定科目は次の中からもっとも適当と思われるものを選び、記号で解答すること。

　　ア．利益準備金　イ．繰越利益剰余金　ウ．損益

利益準備金

3/31	次 期 繰 越	(　　　　)	4/1	前 期 繰 越	300,000
			6/25	繰越利益剰余金	(　①　)
		(　　　　)			(　　　　)

繰越利益剰余金

6/25	未 払 配 当 金	200,000	4/1	前 期 繰 越	400,000
〃	利 益 準 備 金	20,000	3/31	(　②　)	(　③　)
3/31	次 期 繰 越	(　　　　)			
		(　　　　)			(　　　　)

損 益

3/31	仕　　　　入	1,200,000	3/31	売　　　　上	3,000,000
〃	給　　　料	800,000	〃	受 取 利 息	20,000
〃	法 人 税 等	300,000			
〃	(　④　)	(　⑤　)			
		(　　　　)			(　　　　)

勘定記入─Ⅵ

●教科書 CHAPTER 07、12
●解答解説 104ページ

　次の固定資産台帳の記入から答案用紙の各勘定に記入しなさい。なお、当期は×4年4月1日から×5年3月31日までの1年であり、減価償却方法は残存価額をゼロとした定額法によっている。各勘定には（日付）［摘要］〈金額〉の順に記入し、［摘要］は、下記の［摘要］の中からもっとも適当と思われるものを選び、記号で解答すること。また、日付欄には配点はないので、記入しなくてもよいこととし、すべての空欄が埋まるとは限らない。

［摘　要］
　ア．減価償却費　イ．備品減価償却累計額　ウ．損益　エ．備品
　オ．前期繰越　　カ．次期繰越

［資　料］

固定資産台帳

取得年月日	名称等	期末数量	耐用年数
備品			
×1年4月1日	備品A	1	5年
×3年11月1日	備品B	1	8年
×4年7月1日	備品C	1	6年

×5年3月31日現在

期首（期中取得）取得原価	期首減価償却累計額	当期減価償却費
500,000	300,000	100,000
768,000	?	96,000
864,000	0	?

勘定記入－Ⅶ

📖教科書 CHAPTER 02、07、12
📝解答解説 106ページ

次の商品有高帳および売価の記録にもとづいて、三分法による勘定記入を推定し、空欄（ ① ）～（ ⑤ ）に当てはまる適切な金額を答えなさい。なお、本問の解答上、会計期間は4月1日から4月30日までの1か月とし、4月30日を期末（決算日）として記帳手続を示すものとする。

商 品 有 高 帳

（移動平均法）　　　　　　　　　A　品　　　　（数量単位：個、金額単位：円）

日付		摘　要	受　入　高			払　出　高			残　高		
			数量	単価	金額	数量	単価	金額	数量	単価	金額
4	1	前期繰越	36	20	720				36	20	720
	5	仕　入	24	20	480				60	20	1,200
	7	売　上				15	20	300	45	20	900
	21	仕　入	45	24	1,080				90	22	1,980
	22	売　上				72	22	1,584	18	22	396
	30	次期繰越				18	22	396			
			105		2,280	105		2,280			
5	1	前期繰越	18	22	396				18	22	396

〈A品の売価〉
　4/7：@¥30、4/22：@¥33

〈三分法による勘定記入〉

繰 越 商 品

4/1 前期繰越（　①　）	4/30 仕　入　　720
30 仕　入（　　　）	〃 次期繰越（　②　）
（　　　）	（　　　）

仕　入

4/5 買掛金（　　　）	4/30 繰越商品（　　　）
21 買掛金（　　　）	〃 損　益（　③　）
30 繰越商品（　　　）	
（　　　）	（　　　）

売　上

4/30 損　益（　④　）	4/7 売掛金（　⑤　）
	22 売掛金（　　　）
（　　　）	（　　　）

商品有高帳－Ⅰ

📖教科書 CHAPTER 07
📝解答解説 109ページ

次の資料にもとづいて、答案用紙の商品有高帳に記入しなさい。ただし、商品の払出単価の決定方法は先入先出法を採用し、仕入戻しの商品有高帳への記入は、払出欄に行うこと。

［資　料］

5月10日	仕　　入	30個	@￥320	
14日	売　　上	25個	@￥500	
20日	仕　　入	45個	@￥330	
22日	仕入戻し	5個	@￥330	
	（5月20日仕入分）			
24日	売　　上	40個	@￥560	

商品有高帳－Ⅱ

📖教科書 CHAPTER 07
📄解答解説 110ページ

次の資料にもとづいて、下記の各問に答えなさい。

［資　料］

6月8日	仕　　入	20個	@¥240
10日	売　　上	30個	@¥350
15日	仕　　入	40個	@¥250
20日	売　　上	20個	@¥360
26日	仕　　入	15個	@¥256
28日	仕入戻し	5個	@¥256

問1　答案用紙の商品有高帳に記入しなさい。ただし、商品の払出単価の決定方法は
移動平均法を採用し、仕入戻しの商品有高帳への記入は、払出欄に行うこと。

問2　6月中の売上総利益を計算しなさい。

小口現金出納帳

●教科書 CHAPTER 07
●解答解説 112ページ

次の資料にもとづいて、答案用紙の小口現金出納帳を完成させるとともに、答案用紙に示した日付に行われるべき仕訳を示しなさい。ただし、勘定科目は下記の中からもっとも適当と思われるものを選び、記号で解答すること。

　　ア．小口現金　イ．当座預金　ウ．旅費交通費　エ．消耗品費

　　オ．通信費　カ．雑費

［資　料］

⑴　当社は、×5年4月より小口現金について定額資金前渡法（インプレスト・システム）を採用し、月曜日に会計係が一定額の資金を小口現金係に前渡しし、金曜日に小口現金係は会計係に支払報告を行うことにしている。

⑵　会計係は、小口現金係からの支払報告にもとづいて翌週の月曜日に資金を補給している。

手形記入帳−Ⅰ

📖教科書 CHAPTER 07
📝解答解説 114ページ

次の帳簿の名称を答案用紙の（　　）の中に記入し、あわせてこの帳簿に記録されている諸取引（答案用紙に記載された日付の取引）の仕訳をしなさい。ただし、帳簿の名称および勘定科目は下記の中からもっとも適当と思われるものを選び、記号で解答すること。

　　ア．当座預金　イ．売掛金　ウ．受取手形　エ．買掛金　オ．支払手形

　　カ．売上　キ．仕入

（　　　　　）記入帳

×年		手形種類	手形番号	摘　要	支払人	振出人または裏書人	振出日		満期日		支払場所	手形金額	て　ん　末		
							月	日	月	日			月	日	摘　要
9	15	約手	5	売　　上	浦和商事	浦和商事	9	15	12	15	東南銀行	300,000	12	15	当座預金口座に入金
10	5	約手	12	売掛金	大宮商事	大宮商事	10	5	1	5	北西銀行	500,000			

手形記入帳−Ⅱ

📖教科書 CHAPTER 07
📝解答解説 115ページ

次の帳簿の名称を答案用紙の（　　）の中に記入し、あわせてこの帳簿に記録されている諸取引（答案用紙に記載された日付の取引）の仕訳をしなさい。ただし、帳簿の名称および勘定科目は下記の中からもっとも適当と思われるものを選び、記号で解答すること。

　　ア．当座預金　イ．売掛金　ウ．受取手形　エ．買掛金　オ．支払手形

　　カ．売上　キ．仕入

（　　　　　）記入帳

×年		手形種類	手形番号	摘　要	受取人	振出人	振出日		満期日		支払場所	手形金額	て　ん　末		
							月	日	月	日			月	日	摘　要
4	10	約手	21	仕　入	新宿商事	当　社	4	10	7	10	北西銀行	500,000	7	10	当座預金口座から引き落し
5	15	約手	22	買掛金	池袋商事	当　社	5	15	9	15	東南銀行	700,000			

売掛金元帳・買掛金元帳

📖教科書 CHAPTER 07
📝解答解説 116ページ

当社は買掛金元帳を補助元帳として用いている。次の資料にもとづいて、買掛金元帳の島根商事勘定と広島商事勘定の5月31日時点の残高をそれぞれ求めなさい。

[資料Ⅰ]

5月1日時点における買掛金の残高は、島根商事¥60,000、広島商事¥45,000である。

[資料Ⅱ] 5月中の取引

5月8日　島根商事より商品A（@¥1,000）を50個仕入れ、代金は掛けとした。

10日　広島商事より商品B（@¥1,500）を80個仕入れ、代金のうち¥20,000は小切手を振り出して支払い、残額は掛けとした。

12日　10日に仕入れた商品Bのうち10個を返品した。なお、代金は掛け代金から減額することとした。

18日　島根商事より商品A（@¥1,100）を70個仕入れ、代金のうち半分は約束手形を振り出し、残額は掛けとした。

23日　山口商事より商品B（@¥1,400）を60個仕入れ、代金は掛けとした。

30日　島根商事に対する買掛金¥70,000と広島商事に対する買掛金¥85,000をそれぞれ小切手を振り出して支払った。

決算仕訳

📖教科書 CHAPTER 12
📝解答解説 117ページ

当社は、商品売買取引について、仕入勘定、売上勘定、繰越商品勘定の３つの勘定を用いて処理している。なお、決算においては売上原価勘定を設けて売上原価を算定している。

期首商品棚卸高が￥200,000、当期商品仕入高が￥2,800,000、期末商品棚卸高が￥300,000であった場合、決算で行うべき仕訳を以下の１.から４.の順番で示しなさい。ただし、勘定科目は下記の中からもっとも適当と思われるものを選び、記号で解答すること。

　ア．繰越商品　イ．仕入　ウ．売上原価　エ．売上　オ．損益

１．期首商品棚卸高を振り替える仕訳
２．当期商品仕入高を振り替える仕訳
３．期末商品棚卸高を振り替える仕訳
４．売上原価を損益勘定に振り替える仕訳

証ひょうからの読み取り

📖教科書 参考
📝解答解説 120ページ

　取引銀行のインターネットバンキングサービスから普通預金口座のWEB通帳（入出金明細）を参照したところ、以下のとおりであった。そこで、各取引日において必要な仕訳を答えなさい。なお、株式会社大阪商事および京都産業株式会社はそれぞれ当社の商品の取引先であり、商品売買はすべて掛けとしている。また、勘定科目は下記の中からもっとも適当と思うものを選び、記号で答えること。

［勘定科目］

　ア．現金　イ．普通預金　ウ．当座預金　エ．売掛金　オ．買掛金

　カ．所得税預り金　キ．売上　ク．仕入　ケ．給料　コ．支払手数料

入出金明細				
日付	内　容	出金金額	入金金額	残高
8.20	振込　カ）オオサカショウジ	200,000		省略
8.21	ＡＴＭ入金		150,000	
8.22	振込　キョウトサンギョウ　（カ		344,500	
8.25	給与振込	760,000		
8.25	振込手数料	1,000		

※1　8月22日の入金は、当社負担の振込手数料￥500が差し引かれたものである。

※2　8月25日の給与振込額は、所得税の源泉徴収額￥40,000が差し引かれたものである。

伝票－Ⅰ

●教科書 CHAPTER 09
●解答解説 122ページ

　当社は三伝票制を採用している。次の各取引について答案用紙に示した伝票の空欄を埋めなさい。ただし、勘定科目欄には、各取引の下に記載した勘定科目の中からもっとも適当と思われるものを選び、記号で答えること。

1．土地（取得原価￥800,000）を￥850,000で売却し、代金のうち￥200,000は現金で受け取り、残額は翌月末日に受け取ることとした。
　　ア．現金　イ．売掛金　ウ．未収入金　エ．土地　オ．固定資産売却益
　　カ．固定資産売却損

2．商品￥500,000を販売し、代金のうち￥100,000は小切手で受け取り、残額は掛けとした。
　　ア．現金　イ．売掛金　ウ．売上　エ．仕入　オ．買掛金

伝票-Ⅱ

📖教科書 CHAPTER 09
📝解答解説 125ページ

当社は入金伝票、出金伝票、振替伝票の3種類の伝票を用いて処理している。次に示した各伝票から取引を推定し、その仕訳を答案用紙に記入しなさい。ただし、勘定科目は、次の中からもっとも適当と思われるものを選び、記号で答えること。

ア．現金　イ．売掛金　ウ．支払手形　エ．買掛金　オ．売上　カ．仕入

問1

入　金　伝　票	
科　　　　目	金　　額
売　　掛　　金	50,000

振　替　伝　票			
借方科目	金　　額	貸方科目	金　　額
売　　掛　　金	400,000	売　　　　上	400,000

問2

出　金　伝　票	
科　　　　目	金　　額
仕　　　　入	5,000

振　替　伝　票			
借方科目	金　　額	貸方科目	金　　額
仕　　　　入	250,000	支　払　手　形	100,000
		買　　掛　　金	150,000

仕訳日計表

📖教科書 CHAPTER 09
🖊️解答解説 127ページ

当社は、日々の取引を入金伝票、出金伝票、振替伝票に記入し、これを1日分ずつ集計して仕訳日計表を作成している。

下記に示された当社の×1年11月1日の伝票にもとづき、(1)仕訳日計表を作成しなさい。また、(2)出金伝票№202と振替伝票№302が1つの取引を記録したものだとした場合、この取引で仕入れた商品の金額を求めなさい。

入金伝票	№101
受取手数料	20,000

入金伝票	№102
売　上	30,000

出金伝票	№201
仕　入	10,000

出金伝票	№202
仕　入	15,000

振替伝票	№301
売掛金(埼玉商事)	70,000
売　上	70,000

振替伝票	№302
仕　入	45,000
買掛金(群馬商事)	45,000

空欄補充等

📖教科書 全範囲
🔑解答解説 129ページ

次の文章の空欄に当てはまる語句をそれぞれの語群から選び、記号で答えなさい。

(1) 商品の期首棚卸高と当期仕入高が一定であるとした場合、期末棚卸高が大きくなると当期の売上原価は（　①　）する。

　　ア．増加　イ．減少

(2) 資金の貸付けのさいに約束手形を受け取った場合には、（　②　）勘定の借方に記入する。

　　ア．受取手形　イ．支払手形　ウ．手形貸付金　エ．手形借入金

(3) 現金出納帳を（　③　）として利用する場合、入金取引と出金取引は現金出納帳のほかに仕訳帳にも記入しなければならない。

　　ア．総勘定元帳　イ．補助元帳　ウ．補助記入帳

(4) 三伝票制を採用している場合、一般的に使用する伝票は入金伝票、出金伝票、（　④　）伝票である。

　　ア．振戻　イ．振替　ウ．仕入　エ．売上

(5) 試算表のうち、総勘定元帳の各勘定残高のみを記入した試算表を（　⑤　）試算表という。

　　ア．合計　イ．残高　ウ．合計残高

(6) 次のうち、補助簿でないものは（　⑥　）である。

　　ア．現金出納帳　イ．総勘定元帳　ウ．売掛金元帳

　　エ．小口現金出納帳　　オ．受取手形記入帳

(7) 次のうち、決算でのみ行うものは（　⑦　）である。

　　　ア．減価償却費の計上　イ．残高試算表の作成　ウ．再振替仕訳

　　　エ．貸倒引当金の設定　オ．振替伝票の作成

(8) 次のうち、簿記上の取引でないものは（　⑧　）である。

　　　ア．資金の借入れ　イ．手数料の支払い　ウ．固定資産の売却

　　　エ．法人税等の納付　オ．商品売買契約の締結

　第3問の配点は35点で、精算表の作成、財務諸表の作成、決算整理後残高試算表など、決算に関する問題が出題されます。

　よく出題される未処理事項や決算整理事項を確認しておきましょう。

　また、貸借対照表の繰越利益剰余金の金額の求め方もおさえておきましょう。

問題No.	論　点	「教科書」との対応
第3問対策－❶	精算表の作成	CHAPTER12
第3問対策－❷	財務諸表の作成－Ⅰ	CHAPTER12
第3問対策－❸	財務諸表の作成－Ⅱ	CHAPTER12
第3問対策－❹	決算整理後残高試算表の作成	CHAPTER11

　精算表や財務諸表の勘定科目の空欄を記入することもあるので、しっかり書いて練習しておきましょう。

精算表の作成

📖教科書 CHAPTER 12
☞解答解説 131ページ

　次の［期末修正事項］にもとづいて、答案用紙の精算表を完成させなさい。なお、会計期間は×4年4月1日から×5年3月31日までの1年である。

［期末修正事項］

1．現金の実際有高と帳簿残高を照合したところ、実際有高が￥700超過していたので調査した結果、￥300は受取利息の記帳漏れであることが判明したが、残額は不明である。

2．仮受金は商品代金の手付金として受け取ったものであることが判明した。

3．売掛金￥2,500を回収して当座預金口座に入金されたさい、貸借逆に処理していたことが判明した。

4．受取手形および売掛金の期末残高に対して、2％の貸倒引当金を設定する（差額補充法）。

5．期末商品棚卸高は￥82,000である。なお、売上原価は「仕入」の行で計算すること。

6．通信費として計上した郵便切手のうち、未使用分が￥300ある。

7．建物および備品について、次のとおり定額法によって減価償却を行う。

　　　建物：残存価額は取得原価の10％、耐用年数30年

　　　備品：残存価額はゼロ、耐用年数5年

8．支払家賃は11か月分で、1か月分を未払計上する。

9．保険料は1年分で、保険契約後決算日までの経過期間は9か月である。

10．借入金は当期の12月1日に借入期間1年、年利率1.8％で借り入れたもので、借入時に1年分の利息を支払っている。そこで利息について月割りにより適切に処理する。

財務諸表の作成−Ⅰ

📖教科書 CHAPTER 12
📝解答解説 137ページ

次の［資料Ⅰ：決算整理前残高試算表］と［資料Ⅱ：決算修正事項］にもとづいて、答案用紙の損益計算書と貸借対照表を完成させなさい。なお、会計期間は×2年4月1日から×3年3月31日までの1年である。

［資料Ⅰ：決算整理前残高試算表］

決算整理前残高試算表　　　（単位：円）

借　　方	勘　定　科　目	貸　　方
54,000	現　　　　　金	
258,000	当　座　預　金	
120,000	売　　掛　　金	
44,000	繰　越　商　品	
65,000	仮　払　消　費　税	
100,000	貸　　付　　金	
200,000	備　　　　　品	
270,000	車　両　運　搬　具	
	買　　掛　　金	102,100
	仮　受　消　費　税	90,000
	仮　　受　　金	135,000
	借　　入　　金	150,000
	貸　倒　引　当　金	400
	備品減価償却累計額	80,000
	車両運搬具減価償却累計額	90,000
	資　　本　　金	300,000
	繰　越　利　益　剰　余　金	90,000
	売　　　　　上	900,000
	受　取　利　息	1,500
650,000	仕　　　　　入	
63,000	給　　　　　料	
72,000	支　払　家　賃	
38,000	保　　険　　料	
5,000	支　払　利　息	
1,939,000		1,939,000

［資料Ⅱ：決算修正事項］

1．決算日直前に、前期に貸倒処理した売掛金￥30,000のうち￥10,000を現金で回収したが、この取引が未処理である。

2．1月末にすべての車両運搬具を￥135,000で売却したが、受け取った代金を仮受金として処理しただけであったことが判明した。そこで決算にあたり適切に処理する。なお、車両運搬具は定額法（耐用年数6年、残存価額はゼロ）によって減価償却を行い、当期分の減価償却費は月割りで計上すること。

3．売掛金の期末残高に対して2％の貸倒引当金を差額補充法により設定する。

4．期末商品棚卸高は￥52,000である。売上原価は仕入勘定で算定している。

5．備品に対して定額法（残存価額はゼロ、耐用年数5年）により減価償却を行う。

6．消費税の処理を行う。

7．貸付金にかかる利息の未収分が￥1,500ある。

8．借入金は×2年12月1日に年利率4％、返済期限は×3年11月末日、利息の支払いは返済時に行うという条件で借り入れたものである。よって、当期分の利息を計上する。

9．家賃のうち￥45,000は×3年2月1日に向こう6か月分を支払ったものである。

10．法人税等が￥12,000と計算された。なお、当期に中間納付した法人税等はなかった。

財務諸表の作成－Ⅱ

◎教科書 CHAPTER 12
◎解答解説 142ページ

次の［資料Ⅰ：決算整理前残高試算表］と［資料Ⅱ：決算修正事項］にもとづいて、答案用紙の損益計算書と貸借対照表を完成させなさい。なお、会計期間は×6年4月1日から×7年3月31日までの1年である。

［資料Ⅰ：決算整理前残高試算表］

決算整理前残高試算表
×7年3月31日

借　　　方	勘 定 科 目	貸　　　方
80,540	現　　　　　金	
	当 座 預 金	84,000
268,000	普 通 預 金	
60,000	受 取 手 形	
32,000	売 掛 金	
1,200	仮 払 法 人 税 等	
69,000	繰 越 商 品	
200,000	建　　　　　物	
120,000	備　　　　　品	
	支 払 手 形	35,000
	買 掛 金	22,300
	借 入 金	60,000
	仮 受 金	4,000
	貸 倒 引 当 金	1,240
	建物減価償却累計額	90,000
	備品減価償却累計額	48,000
	資 本 金	380,000
	繰 越 利 益 剰 余 金	60,000
	売　　　　　上	924,500
	受 取 手 数 料	800
700,000	仕　　　　　入	
109,000	給　　　　　料	
38,000	保 険 料	
4,500	通 信 費	
12,000	水 道 光 熱 費	
15,000	法 定 福 利 費	
600	支 払 利 息	
1,709,840		1,709,840

［資料Ⅱ：決算修正事項］

1. 仮受金¥4,000は得意先からの売掛金の回収であることが判明した。

2. 現金の実際有高は¥74,540であった。帳簿残高との差額のうち¥5,000は水道光熱費の記帳漏れであることが判明したが、残額については原因が不明である。よって、雑損または雑益に振り替える。

3. 当座預金勘定の貸方残高全額を借入金勘定に振り替える。なお、取引銀行とは借越限度額を¥300,000とする当座借越契約を結んでいる。

4. 受取手形および売掛金の期末残高に対して3％の貸倒引当金を設定する（差額補充法）。

5. 期末商品棚卸高は¥64,000である。売上原価は仕入勘定で算定している。

6. 建物および備品に対して、次の資料にもとづいて定額法により減価償却を行う。

　　　建物　　残存価額：取得原価の10％　耐用年数：20年

　　　備品　　残存価額：ゼロ　耐用年数：5年

7. 通信費として計上した郵便切手の購入代のうち、¥200が期末において未使用である。

8. 保険料は毎年同額を11月1日に1年分、前払いしている。

9. 法定福利費の未払分¥3,000を計上する。

10. 法人税等が¥3,600と計算されたので、仮払法人税等との差額を未払法人税等として計上する。

決算整理後残高試算表の作成 ◯教科書 CHAPTER 11
◯解答解説 148ページ

次の［資料Ⅰ：決算整理前残高試算表］と［資料Ⅱ：期末修正事項］にもとづい
て、答案用紙の決算整理後残高試算表を完成させなさい。なお、会計期間は×5年4
月1日から×6年3月31日までの1年である。

［資料Ⅰ：決算整理前残高試算表］

決算整理前残高試算表
×6年3月31日

借 方	勘 定 科 目	貸 方
68,680	現　　　　　　金	
	当 座 預 金	5,000
44,000	受 取 手 形	
60,000	売 掛 金	
10,000	仮 払 金	
9,200	繰 越 商 品	
80,000	貸 付 金	
450,000	建 物	
240,000	備 品	
	支 払 手 形	31,000
	買 掛 金	32,180
	仮 受 金	7,000
	前 受 金	6,000
	未 払 金	1,800
	貸 倒 引 当 金	500
	建物減価償却累計額	108,000
	備品減価償却累計額	80,000
	資 本 金	450,000
	繰越利益剰余金	47,000
	売 上	808,000
	受 取 家 賃	14,000
	受 取 利 息	1,200
527,000	仕 入	
85,000	給 料	
5,000	旅 費 交 通 費	
4,800	租 税 公 課	
8,000	保 険 料	
1,591,680		1,591,680

［資料Ⅱ：期末修正事項］

1. 出張中の社員から当座預金口座に振り込まれた¥7,000を仮受金で処理していたが、このうち¥4,000は得意先鳥取商事に対する売掛金を回収したものであり、¥3,000は得意先岡山商事から受け取った手付金であることが判明した。

2. 仮払金は当期に備品¥120,000を注文したさいに頭金として支払ったものである。なお、この備品は×6年3月1日に引き渡しを受け、すでに使用しているが、代金の残額は翌月末日に支払うことになっており、この取引が未処理である。

3. 当座預金勘定の貸方残高全額を借入金勘定に振り替える。なお、取引銀行とは借越限度額を¥100,000とする当座借越契約を結んでいる。

4. 期末商品棚卸高は¥10,900である。なお、売上原価は仕入勘定で算定している。

5. 租税公課として処理した収入印紙の購入額のうち、未使用分が¥800ある。

6. 受取手形および売掛金の期末残高に対して、2％の貸倒引当金を設定する（差額補充法）。

7. 建物および備品に対して、次の資料にもとづいて定額法により減価償却を行う。

　　　建物　　残存価額：取得原価の10％　耐用年数：30年
　　　備品　　残存価額：ゼロ　耐用年数：6年

　　なお、新備品については残存価額ゼロ、耐用年数5年の定額法により減価償却を月割りで行う。

8. 受取利息は貸付金に対する利息であり、当期の12月31日（利払日）までの利息が計上されている。利払日後、貸付金の金額に変動はなく、年利率3％で未収分の利息を月割計上する。

9. 保険料は毎年12月1日に向こう1年分（毎年同額）を支払っている。

10. 家賃は奇数月の月末に向こう2か月分として¥2,000を受け取っている。

日商3級　解答解説編
第1問対策〜第3問対策、模擬試験

　　　　　　　　　　商品売買

（解答）

	借	方		貸	方	
	記　　号	金　額		記　　号	金　額	
1	（カ）仕　　　　　入	51,000		（ウ）前　払　　金	10,000	
				（オ）買　掛　　金	40,000	
				（ア）現　　　　　金	1,000	
2	（エ）買　掛　　金	60,000		（カ）仕　　　　　入	60,000	
3	（エ）仕　　　　　入	660,000		（オ）買　掛　　金	660,000	
4	（オ）売　　　　　上	16,000		（イ）売　掛　　金	16,000	
5	（ウ）売　掛　　金	203,000		（オ）売　　　　　上	203,000	
	（カ）発　送　　費	3,000		（イ）当　座　預　金	3,000	
6	（オ）前　受　　金	20,000		（イ）売　　　　　上	155,000	
	（カ）売　掛　　金	135,000				
	（ア）発　送　　費	5,000		（エ）未　払　　金	5,000	
7	（カ）支　払　手　数　料	4,000		（オ）売　　　　　上	200,000	
	（エ）クレジット売掛金	196,000				
8	（ウ）売　掛　　金	59,000		（オ）売　　　　　上	59,000	

（解説）

1　**手付金の処理、仕入諸掛りの処理**

　　商品の仕入に先立って、手付金を支払ったとき、**前払金 [資産]** で処理しています。したがって、商品を仕入れたときは**前払金 [資産]** を減少させます。また、商品の仕入時に発生した引取運賃（仕入諸掛り）は特に指示がない場合には、当社負担と考え、**仕入 [費用]** に含めて処理します。

2 仕入戻しの処理

仕入戻し（返品）があったときには、仕入時の逆仕訳をします。

総仕入高：@6,000円×50個＝300,000円

仕入戻し：@6,000円×10個＝60,000円

仕 入 時 の 仕 訳：（仕 入） 300,000 （買 掛 金） 300,000

返 品 時 の 仕 訳：（買 掛 金） 60,000 （仕 入） 60,000

3 商品の仕入の処理

中古車販売業において、販売するために購入した中古車は商品です。したがって、中古車を購入したときは、**仕入 [費用]** で処理します。また、掛け代金は**買掛金 [負債]** で処理します。

4 売上戻りの処理

売上戻り（返品）があったときは、売上時の仕訳の逆仕訳をします。

総売上高：@8,000円×80個＝640,000円

売上戻り：@8,000円× 2 個＝ 16,000円

売 上 時 の 仕 訳：（売 掛 金） 640,000 （売 上） 640,000

返 品 時 の 仕 訳：（売 上） 16,000 （売 掛 金） 16,000

5 売上諸掛りの処理

売上諸掛りを支払ったときは、**発送費 [費用]** で処理します。なお、送料3,000円込みで販売しているので、**売上 [収益]** および**売掛金 [資産]** は203,000円で処理します。

6 手付金の処理、売上諸掛りの処理

商品の売上に先立って、手付金を受け取ったとき、**前受金 [負債]** で処理しています。したがって、商品を売り上げたときは**前受金 [負債]** を減少させます。また、運送会社に支払う送料は後払いなので、**未払金 [負債]** で処理します。

７ クレジット売掛金

クレジット払いの条件で商品を売り上げたときの、あとで代金を受け取る権利は**クレジット売掛金 [資産]** で処理します。なお、信販会社への手数料は**支払手数料 [費用]** で処理します。

支払手数料：200,000円 × 2 ％ ＝ 4,000円

クレジット売掛金：200,000円 － 4,000円 ＝ 196,000円

８ 証ひょうからの読み取り

請求書（控）の内容から、**売上 [収益]** を計上します。また、代金は後日受け取るため、**売掛金 [資産]** で処理します。

商品売買のポイント

［１］返品の処理

返品があったときは、仕入時または売上時の逆仕訳をする。

［２］仕入諸掛り・売上諸掛りの処理

諸　掛　り		処　　理
仕入諸掛り	当社負担	**仕入 [費用]** に含める
	仕入先負担	**立替金 [資産]**
売上諸掛り	特に指示がない場合	売上諸掛りを**売上 [収益]** に含めて処理するとともに支払った売上諸掛りは**発送費 [費用]** で処理する
	「当社負担」の指示がある場合	売上諸掛りを**売上 [収益]** に含めないで処理する

［３］クレジット売掛金

✔ クレジット払いの条件で商品を売り上げたときの、あとで代金を受け取る権利は**クレジット売掛金 [資産]** で処理する

✔ 信販会社への手数料は**支払手数料 [費用]** で処理する

解答

	借　　　方		貸　　　方	
	記　　号	金　額	記　　号	金　額
1	(ア)現　　　　金	100,000	(エ)売　掛　金	100,000
2	(オ)現　　　　金	150,000	(イ)普　通　預　金	150,000
3	(エ)通　信　費	7,000	(イ)受 取 手 数 料	2,000
			(カ)現 金 過 不 足	5,000
4	(イ)旅 費 交 通 費	7,200	(ア)当 座 預 金	18,500
	(ウ)消 耗 品 費	6,700		
	(エ)通　信　費	2,400		
	(オ)雑　　　　費	2,200		
5	(オ)旅 費 交 通 費	10,000	(ア)現　　　　金	10,000
6	(エ)当座預金A銀行	100,000	(ア)現　　　　金	200,000
	(オ)当座預金X信用金庫	100,000		

解説

1 送金小切手の処理

送金小切手は、**現金 [資産]** として処理します。

2 現金の引き出しの処理

普通預金口座から現金を引き出したときは、**普通預金 [資産]** が減少するとともに、**現金 [資産]** が増加します。

3 現金過不足の判明

現金過不足（現金不足額）が生じたときに、次の仕訳をしています。

現金過不足の発生時の仕訳：

　　　（現金過不足）　　　5,000　　（現　　　金）　　　5,000

したがって、原因判明時には、現金過不足を減らし（貸方に記入し）、原因が判明した勘定科目で処理します。

会計係は小口現金係から支払報告を受け、仕訳をします。本問では、支払報告と同時に小切手を振り出して資金を補給しているので、報告時と補給時の仕訳を同時に行います。

報 告 時 の 仕 訳： (旅費交通費)　　7,200　　~~(小 口 現 金)~~　~~18,500~~
　　　　　　　　　 (消 耗 品 費)　　6,700
　　　　　　　　　 (通　信　費)　　2,400
　　　　　　　　　 (雑　　　費)　　2,200
　　　　　　　　　　　　　　　　　　　　　＋
補 給 時 の 仕 訳： ~~(小 口 現 金)~~　~~18,500~~　　(当 座 預 金)　　18,500
　　　　　　　　　　　　　　　　　　　　　↓
解　答　の　仕　訳： (旅費交通費)　　7,200　　(当 座 預 金)　　18,500
　　　　　　　　　 (消 耗 品 費)　　6,700
　　　　　　　　　 (通　信　費)　　2,400
　　　　　　　　　 (雑　　　費)　　2,200

5 旅費交通費の計上

問題文の指示にしたがい、ＩＣカードに入金したときに費用（旅費交通費）を計上します。

6 当座預金の処理

現金を当座預金口座に預け入れたときは、**現金 [資産]** が減少するとともに、**当座預金 [資産]** が増加します。なお、複数の金融機関に口座を開設しているときは、管理のために口座ごとに勘定を設定することがあります。その場合には、問題文の指示にしたがい、勘定科目（当座預金や普通預金など）に金融機関名を入れて仕訳します。

現金預金のポイント

[1] 簿記上の現金

①紙幣・硬貨

②通貨代用証券…他人振出の小切手、送金小切手、普通為替証書など

[2] 小口現金の主な支払項目と勘定科目

支払項目	勘定科目
バス代、電車代、タクシー代	旅費交通費 [費用]
ハガキ代、切手代、電話代	通 信 費 [費用]
文房具代、コピー用紙代	消 耗 品 費 [費用]
電気代、ガス代、水道代	水道光熱費 [費用]
お茶菓子代、新聞代、その他どの区分にも該当しない支払い	雑 費 [費用]

　　　　　　　手形と電子記録債権（債務）

解答

	借　　　方		貸　　　方	
	記　　　号	金　　額	記　　　号	金　　額
1	(カ)仕　　　　入	300,000	(エ)支 払 手 形	100,000
			(ウ)買　掛　金	200,000
2	(ウ)受 取 手 形	300,000	(エ)売　　　　上	800,000
	(イ)売　掛　金	500,000		
3	(エ)電 子 記 録 債 権	200,000	(イ)売　掛　金	200,000
4	(エ)買　掛　金	100,000	(カ)電 子 記 録 債 務	100,000
5	(カ)電 子 記 録 債 務	100,000	(ア)当 座 預 金	100,000

解説

1 約束手形の振り出し

約束手形を振り出したときは、**支払手形〔負債〕**で処理します。

2 約束手形の受け取り

他社振出の約束手形を受け取ったときは、**受取手形〔資産〕**で処理します。

3 電子記録債権の発生

売掛金の回収として、電子記録債権の発生記録があったので、**売掛金〔資産〕**が減少するとともに、**電子記録債権〔資産〕**が増加します。

4 電子記録債務の発生

買掛金の支払いに電子記録債務を用いているので、**買掛金〔負債〕**が減少するとともに、**電子記録債務〔負債〕**が増加します。

5 電子記録債務の消滅

電子記録債務について決済が行われたので、**電子記録債務〔負債〕**が減少します。

手形のポイント

［1］約束手形の処理（文末で判断する）

✔ 「振り出した」⇒**支払手形 ［負債］**で処理

✔ 「受け取った」⇒**受取手形 ［資産］**で処理

［2］電子記録債権（債務）

✔ 電子記録債権が発生したときは、**電子記録債権 ［資産］**で処理する

✔ 電子記録債務が発生したときは、**電子記録債務 ［負債］**で処理する

解答

	借　　　方		貸　　　方	
	記　　号	金　　額	記　　号	金　　額
1	(エ)建　　　　物	2,020,000	(カ)未　払　金	2,000,000
			(ア)当　座　預　金	20,000
2	(ウ)備　　　　品	250,000	(ア)当　座　預　金	70,000
	(カ)消　耗　品　費	20,000	(オ)未　払　金	200,000
3	(イ)未　収　入　金	855,000	(ウ)土　　　　地	867,000
	(カ)固定資産売却損	12,000		
4	(カ)備品減価償却累計額	225,000	(ウ)備　　　　品	400,000
	(イ)未　収　入　金	182,000	(エ)固定資産売却益	7,000
5	(カ)車両運搬具減価償却累計額	2,000,000	(イ)車　両　運　搬　具	3,000,000
	(エ)減　価　償　却　費	125,000	(ウ)固定資産売却益	125,000
	(ア)未　収　入　金	1,000,000		
6	(ウ)建　　　　物	2,200,000	(ア)当　座　預　金	3,000,000
	(オ)修　　繕　　費	800,000		

解説

1 　**有形固定資産の購入**

　　有形固定資産を購入したときは、有形固定資産自体の購入価額だけでなく、仲介手数料等、固定資産の購入にかかった付随費用も取得原価に含めます。

　　　建物：2,000,000円＋20,000円＝2,020,000円

　　なお、有形固定資産を購入したさいに生じた代金の未払額は**未払金［負債］**で処理します。

2 　**有形固定資産の購入**

　　オフィス機器は**備品［資産］**で、事務用の消耗品は**消耗品費［費用］**で処理します。

　　　未払金：250,000円＋20,000円－70,000円＝200,000円

3 有形固定資産の売却

　有形固定資産を売却したときは、帳簿価額を減額し、売却価額と帳簿価額との差額は**固定資産売却損 [費用]** または**固定資産売却益 [収益]** で処理します。

　なお、有形固定資産を売却したさいに生じた代金の未収額は**未収入金 [資産]** で処理します。

　　　土地（売却した有形固定資産の帳簿価額）：850,000円＋17,000円＝867,000円

　　　固定資産売却損益：855,000円－867,000円＝△12,000円（売却損）

4 有形固定資産の売却

　建物や備品など、減価償却をする有形固定資産を売却したときは、取得原価と減価償却累計額を減額します。

5 有形固定資産の売却

　建物や備品など、減価償却をする有形固定資産を期中に売却したときは、期首から売却時までの減価償却費を月割りで計算し、これを計上します。

　本問では、決算日が3月31日、売却日が×6年6月30日なので、×6年4月1日から×6年6月30日までの3か月分の減価償却費を計上します。

　なお、取得日が×2年4月1日、前期末が×6年3月31日なので、前期末までに計上された減価償却累計額は4年分ということになります。

　減 価 償 却 累 計 額：$3{,}000{,}000円 \times \dfrac{4年}{6年} = 2{,}000{,}000円$

　減 　 価 　 償 　 却 　 費：$3{,}000{,}000円 \div 6年 \times \dfrac{3か月}{12か月} = 125{,}000円$

　売却した車両の帳簿価額：3,000,000円－（2,000,000円＋125,000円）＝875,000円

　固定資産売却損益：1,000,000円－875,000円＝125,000円（売却益）

6　建物の改良、修繕

建物の改修費のうち、価値を高めるための支出（資本的支出）は**建物［資産］**の取得原価として処理します。また、本来の機能維持のための支出（収益的支出）は**修繕費［費用］**で処理します。

有形固定資産のポイント

［1］有形固定資産の取得原価

　取得原価＝購入代価＋付随費用

［2］減価償却費の計算（定額法）

　減価償却費：（取得原価−残存価額）÷耐用年数
※1　残存価額が10%のときは、以下のように計算したほうが速い

　　　減価償却費：取得原価×0.9÷耐用年数　←以下、本書はこちらで解説します。

※2　期中に取得した有形固定資産については、取得日から決算日までの減価償却費を月割りで計上する。

［3］有形固定資産の売却時の処理

✔　売却価額 ＜ 帳簿価額 ⇒ **固定資産売却損［費用］**
✔　売却価額 ＞ 帳簿価額 ⇒ **固定資産売却益［収益］**

※1　帳簿価額＝取得原価−減価償却累計額
※2　期中に売却したときは、期首から売却日までの減価償却費を月割りで計上する。

［4］改良と修繕

✔　資本的支出（有形固定資産の価値を高めるための支出）
　　⇒有形固定資産の取得原価として処理
✔　収益的支出（有形固定資産の本来の機能を維持するための支出）
　　⇒**修繕費［費用］**として処理

その他の取引−Ⅰ

解答

	借 方		貸 方	
	記　　号	金　額	記　　号	金　額
1	(ア)当 座 預 金	100,000	(オ)手 形 借 入 金	100,000
2	(エ)手 形 借 入 金	800,000	(ア)当 座 預 金	800,000
3	(ア)当 座 預 金	612,000	(ウ)貸 　 付 　 金	600,000
			(オ)受 取 利 息	12,000
4	(オ)支 払 利 息	3,000	(イ)普 通 預 金	3,000
5	(ウ)前 　 払 　 金	40,000	(イ)当 座 預 金	40,000
6	(ア)現 　 　 　 金	20,000	(エ)前 　 受 　 金	20,000
7	(カ)仕 　 　 　 入	300,000	(ウ)前 　 払 　 金	30,000
			(エ)支 払 手 形	270,000
8	(ア)当 座 預 金	80,000	(オ)前 　 受 　 金	50,000
			(エ)仮 　 受 　 金	30,000
9	(ウ)仮 　 払 　 金	50,000	(ア)現 　 　 　 金	50,000
10	(ア)現 　 　 　 金	5,500	(ウ)仮 　 払 　 金	60,000
	(カ)旅 費 交 通 費	54,500		
11	(カ)旅 費 交 通 費	35,000	(ア)仮 　 払 　 金	30,000
			(エ)未 　 払 　 金	5,000
12	(オ)仮 　 受 　 金	70,000	(イ)売 　 掛 　 金	70,000
13	(カ)給 　 　 　 料	580,000	(エ)従 業 員 立 替 金	15,000
			(オ)所 得 税 預 り 金	87,000
			(ア)現 　 　 　 金	478,000
14	(カ)給 　 　 　 料	400,000	(オ)所 得 税 預 り 金	40,000
			(イ)当 座 預 金	360,000
15	(カ)法 定 福 利 費	48,000	(ア)現 　 　 　 金	72,000
	(エ)社会保険料預り金	6,000		
	(イ)従業員立替金	18,000		

解説

1　手形借入金の処理

手形による借入れを行ったときは、**手形借入金〔負債〕**で処理します。

2 手形借入金の処理

手形による借入金を返済したときは、**手形借入金**［負債］を減少させます。

3 貸付金の処理、利息の計算

貸付金を回収したときは、**貸付金**［資産］を減少させます。また、回収時に利息を受け取ったときは、貸付期間（本問の場合は10か月）に対応する利息を**受取利息**［収益］として計上します。

受取利息：$600,000円 \times 2.4\% \times \dfrac{10か月}{12か月} = 12,000円$

4 借入金の利息の計算

借入金の利息を支払ったときは、**支払利息**［費用］で処理します。本問の場合、利息は日割りで計算し、30日分を計上します。

支払利息：$500,000円 \times 7.3\% \times \dfrac{30日}{365日} = 3,000円$

5 手付金の処理

商品の注文にあたって、手付金を支払ったときは、手付金の額だけ**前払金**［資産］で処理します。

6 手付金の処理

商品の注文を受け、手付金を受け取ったときは、手付金の額だけ**前受金**［負債］で処理します。

7 手付金の処理

注文していた商品を仕入れたときは、**仕入**［費用］を計上するとともに、さきに支払っていた手付金の分だけ**前払金**［資産］を減少させます。

8 内金の処理、仮受金の処理

商品の注文を受けたさいの内金50,000円については、**前受金**［負債］で処理します。また、内容不明の入金については、その内容が明らかになるまで**仮受金**［負債］で処理しておきます。

9 仮払金の処理

出張旅費の概算額を渡したときは、旅費の金額が確定するまで、**仮払金 [資産]**で処理しておきます。

10 仮払金の処理

従業員が出張から戻り、旅費の金額が確定したときは、計上していた**仮払金 [資産]**を減少させるとともに、確定した旅費の分だけ**旅費交通費 [費用]**を計上します。

旅費交通費：60,000円 − 5,500円 = 54,500円

11 仮払金の処理

仮払いしていた金額と従業員が立替払いしている金額の合計額を**旅費交通費 [費用]**として計上します。なお、従業員が立替払いしている金額については、あとで（給料支払時に）会社が支払うため、**未払金 [負債]**で処理します。

12 仮受金の処理

内容不明の入金額は**仮受金 [負債]**で処理しているので、その内容が判明したときには、**仮受金 [負債]**を減少させます。

13 立替金と預り金の処理

従業員の給料を支払ったときは、給料総額を**給料 [費用]**で処理します。また、給料から源泉徴収した所得税については、**預り金 [負債]**で処理しますが、本問は指定勘定科目より**所得税預り金 [負債]**で処理します。

従業員負担の生命保険料を会社が立替払いしたときに**立替金 [資産]**で処理しているので、この立替額を給料から天引きしたときは**立替金 [資産]**の減少として処理します。なお、本問では指定勘定科目より、**従業員立替金 [資産]**で処理します。

14 預り金の処理

会社の当座預金口座から従業員の普通預金口座に振り込んでいるので、**当座預金 [資産]**の減少として処理します。なお、給料総額は源泉所得税40,000円と従業員の手取額360,000円を合計した金額となります。

給料：40,000円 + 360,000円 = 400,000円

会社負担分の社会保険料（健康保険料・厚生年金保険料・雇用保険料）は、**法定福利費［費用］**で処理します。また、従業員負担分を給料から天引きしたときには、**社会保険料預り金［負債］**で処理し、会社負担分とあわせて納付したときに、**社会保険料預り金［負債］**の減少で処理します。

なお、本問では従業員負担分の社会保険料のうち、9か月分については、いったん会社が立て替えて支払っているため、9か月分については**従業員立替金［資産］**で処理します。

　　社会保険料預り金：@2,000円×3か月分＝6,000円

　　従業員立替金：@2,000円×9か月分＝18,000円

その他の取引のポイント

［1］未収入金と未払金

代金の内容		勘定科目
未収額	商品代金	**売掛金［資産］**
	商品以外の代金	**未収入金［資産］**
未払額	商品代金	**買掛金［負債］**
	商品以外の代金	**未払金［負債］**

［2］貸付金と借入金

内　容		勘定科目
貸付額	借用証書による貸付け	**貸付金［資産］**
	約束手形による貸付け	**手形貸付金［資産］**
借入額	借用証書による借入れ	**借入金［負債］**
	約束手形による借入れ	**手形借入金［負債］**

※　手形による貸付け・借入れの場合でも、指定勘定科目に「手形貸付金」や「手形借入金」がない場合には「貸付金」や「借入金」で処理すること。

［3］利息の計算

利息：貸付（借入）金額×年利率×$\dfrac{\text{貸付（借入）期間}}{12\text{か月}}$

[4] 前払金と前受金

✔ 手付金、内金を支払ったとき　⇒ **前払金** [資産]

✔ 手付金、内金を受け取ったとき ⇒ **前受金** [負債]

[5] 仮払金と仮受金

✔ 旅費等の概算額を渡したとき ⇒ **仮払金** [資産]

✔ 内容不明の入金があったとき ⇒ **仮受金** [負債]

[6] 立替金と預り金

✔ 他社や従業員が負担すべき金額を当社が立替払いしたとき

⇒ **立替金** [資産]

✔ 従業員の源泉所得税を天引きしたとき ⇒ **預り金** [負債]

※　「立替金」は「従業員立替金」、「預り金」は「所得税預り金」「社会保険料預り金」などの勘定科目を用いることがあるので、指定勘定科目にしたがって解答すること。

解答

	借　　　　方		貸　　　　方	
	記　　　　号	金　　額	記　　　　号	金　　額
1	(エ)受 取 商 品 券 (ア)現　　　　　金	50,000 30,000	(オ)売　　　　　上	80,000
2	(ア)現　　　　　金	50,000	(エ)受 取 商 品 券	50,000
3	(ウ)差 入 保 証 金 (カ)支 払 手 数 料	468,000 234,000	(イ)当 座 預 金	702,000
4	(エ)修　　繕　　費 (イ)普 通 預 金	450,000 150,000	(オ)差 入 保 証 金	600,000
5	(カ)租 税 公 課	350,000	(イ)当 座 預 金	350,000
6	(ウ)通　　信　　費 (オ)租 税 公 課	5,000 20,000	(イ)現　　　　　金	25,000
7	(エ)従 業 員 預 り 金 (イ)法 定 福 利 費	480,000 480,000	(オ)普 通 預 金	960,000
8	(カ)仕　　　　　入 (イ)仮 払 消 費 税	200,000 20,000	(ウ)買　　掛　　金	220,000
9	(エ)受 取 手 形 (ア)現　　　　　金	300,000 250,000	(キ)売　　　　　上 (カ)仮 受 消 費 税	500,000 50,000
10	(ウ)普 通 預 金	2,000,000	(オ)資　　本　　金	2,000,000
11	(イ)備　　　　　品 (オ)消 耗 品 費	254,000 5,000	(エ)未　　払　　金	259,000
12	(カ)旅 費 交 通 費 (ア)現　　　　　金	16,800 3,200	(イ)仮　　払　　金	20,000
13	(カ)支 払 手 数 料 (ウ)差 入 保 証 金 (エ)支 払 家 賃	75,000 300,000 150,000	(イ)普 通 預 金	525,000
14	(カ)仕　　　　　入 (イ)仮 払 消 費 税	59,000 5,900	(ウ)買　　掛　　金	64,900
15	(カ)仕　　　　　入	18,000	(エ)買　　掛　　金	18,000

解説

1 商品券の処理

他者が発行した商品券を受け取ったときは、**受取商品券** [資産] で処理します。

2 商品券の処理

所有する商品券を精算したときは、**受取商品券** [資産] の減少として処理します。

3 差入保証金の処理

不動産の賃貸借契約を結ぶときに差し入れた敷金 (退去時に返還されるもの) は、**差入保証金** [資産] で処理します。また、不動産会社に支払った仲介手数料は、**支払手数料** [費用] で処理します。

差入保証金 (敷金)：234,000円 × 2 か月分 = 468,000円

4 差入保証金の処理

不動産の賃貸借契約が終了し、敷金を返還されたときは計上している**差入保証金** [資産] を減少させます。また、固定資産の修繕にかかった費用は**修繕費** [費用] で処理します。

差入保証金：300,000円 × 2 か月 = 600,000円

5 固定資産税の処理

固定資産税を納付したときは、**租税公課** [費用] で処理します。

6 郵便切手代と収入印紙代の処理

郵便切手代は**通信費** [費用]、収入印紙代は**租税公課** [費用] で処理します。なお、決算時に未使用分がある場合には、いずれも未使用分を**貯蔵品** [資産] に振り替えます。

給与支給時に給料総額から天引きした従業員負担分の社会保険料は**預り金** [**負債**] （本問では**従業員預り金** [**負債**]）で処理しているので、納付時には**従業員預り金** [**負債**] を減少させます。

従業員預り金：180,000円＋300,000円＝480,000円

また、会社負担分の社会保険料は**法定福利費** [**費用**] で処理します。

商品を仕入れたときに支払った消費税は、**仮払消費税** [**資産**] で処理します。

仮払消費税：200,000円×10％＝20,000円

商品を売り上げたときに受け取った消費税は、**仮受消費税** [**負債**] で処理します。なお、税抜方式なので、**売上** [**収益**] は消費税を含まない価額で計上します。

仮受消費税：550,000円 $\times \dfrac{0.1}{1.1} = 50,000$円

売上：550,000円－50,000円＝500,000円

また、約束手形を受け取ったときは、**受取手形** [**資産**] で処理し、他社が振り出した小切手を受け取ったときは、**現金** [**資産**] で処理します。

株式を発行したときは、原則として払込金額（発行価額）の全額を**資本金** [**資本**] として処理します。

資本金：＠20,000円×100株＝2,000,000円

セッティング代は備品の取得原価に含めて処理します。また、プリンター用紙代は**消耗品費** [**費用**] で処理します。なお、商品以外のものを購入したさいの後払額は**未払金** [**負債**] で処理します。

12 証ひょうからの読み取り

旅費の概算額を支払ったときには、以下の仕訳をしています。

| （仮　払　金） | 20,000 | （現　金　な　ど） | 20,000 |

そして、旅費を精算した時には、**仮払金 [資産]** を **旅費交通費 [費用]** に振り替えます。なお、タクシー代3,500円は、領収書と旅費交通費支払報告書の両方に記載があるので、二重に計上しないように注意しましょう。

旅費交通費：6,300円 + 10,500円 = 16,800円
　　　　　　旅費交通費　領収書
　　　　　　支払報告書　（ホテル代）

13 証ひょうからの読み取り

仲介手数料は**支払手数料 [費用]**、敷金は**差入保証金 [資産]**、賃料は**支払家賃 [費用]** で処理します。

14 証ひょうからの読み取り

商品の仕入れにかかる消費税額は、**仮払消費税 [資産]** で処理します。

仕入：15,000円 + 20,000円 + 24,000円 = 59,000円

15 訂正仕訳

以前の処理が誤っていた場合には、訂正仕訳をします。

訂正仕訳は、誤った仕訳を取り消す仕訳（逆仕訳）に、正しい仕訳を合算した仕訳となります。

| 誤 っ た 仕 訳： | （仕　　　　入） | 68,000 | （買　掛　金） | 68,000 |

↓

誤った仕訳の逆仕訳：	~~（買　掛　金）~~	~~68,000~~	~~（仕　　　　入）~~	~~68,000~~
		18,000 **+**		18,000
正 し い 仕 訳：	（仕　　　　入）	~~86,000~~	（買　掛　金）	~~86,000~~

↓

| 訂 正 仕 訳： | （仕　　　　入） | 18,000 | （買　掛　金） | 18,000 |

その他の取引のポイント

［1］受取商品券

✔ 全国共通商品券などを受け取ったとき ⇒ **受取商品券** ［資産］

［2］差入保証金

✔ 敷金や保証金を差し入れたとき ⇒ **差入保証金** ［資産］

［3］租税公課

✔ 固定資産税、自動車税など ⇒ **租税公課** ［費用］

✔ 収入印紙代 ⇒ **租税公課** ［費用］

✔ 郵便切手代 ⇒ **通信費** ［費用］

［4］法定福利費

✔ 会社負担分の社会保険料 ⇒ **法定福利費** ［費用］

✔ 従業員負担分の社会保険料（給料から天引きしたとき）⇒ **預り金** ［負債］

［5］消費税

✔ 商品を仕入れたときに支払った消費税額 ⇒ **仮払消費税** ［資産］

✔ 商品を売り上げたときに受け取った消費税額 ⇒ **仮受消費税** ［負債］

［6］株式の発行

✔ 株式を発行したとき ⇒ 原則として払込金額の全額を **資本金** ［資本］

［7］訂正仕訳

①誤った仕訳の逆仕訳＋②正しい仕訳＝③訂正仕訳

解答

	借　　　　　方		貸　　　　　方	
	記　　　号	金　　額	記　　　号	金　　額
1	(カ)現 金 過 不 足	6,000	(イ)受 取 手 数 料	2,000
			(ウ)雑　　　　益	4,000
2	(イ)当座預金Ａ銀行	25,000	(エ)借　　入　　金	25,000
3	(エ)借　　入　　金	200,000	(ア)当 座 預 金	200,000
4	(イ)貯　蔵　品	5,460	(エ)通　　信　　費	5,460
5	(ア)貯　蔵　品	16,000	(ウ)通　　信　　費	1,000
			(オ)租 税 公 課	15,000
6	(イ)貸 倒 引 当 金	20,000	(ア)売　　掛　　金	60,000
	(エ)貸 倒 損 失	40,000		
7	(ア)現　　　　金	15,000	(エ)償却債権取立益	15,000
8	(ウ)未 払 利 息	22,000	(カ)支 払 利 息	22,000
9	(イ)売　　　　上	2,540,000	(カ)損　　　　益	2,540,000
10	(ウ)損　　　　益	1,650,000	(ア)仕　　　　入	1,650,000
11	(ウ)損　　　　益	354,000	(カ)繰越利益剰余金	354,000
12	(オ)繰越利益剰余金	550,000	(イ)普 通 預 金	500,000
			(エ)利 益 準 備 金	50,000
13	(イ)仮払法人税等	160,000	(ア)普 通 預 金	160,000
14	(ウ)未払法人税等	280,000	(ア)普 通 預 金	280,000

1 現金過不足の処理

　期中に現金過不足を発見したときは、**現金［資産］**から**現金過不足**に振り替えて
おき、原因が判明したときに、原因判明分を適切な勘定科目に振り替えます。決算
まで原因不明の現金過不足は**雑損［費用］**または**雑益［収益］**に振り替えます。

現金過不足発生時の仕訳：	（現　　　金）	6,000	（現金過不足）	6,000

原因判明分の仕訳：	（現金過不足）	2,000	（受取手数料）	2,000

原因不明分の仕訳：	（現金過不足）	4,000	（雑　　　益）	4,000

解　答　の　仕　訳：	（現金過不足）	6,000	（受取手数料） （雑　　　益）	2,000 4,000

2 当座借越の振り替え

　決算日において当座借越が生じている場合には、貸方の当座預金残高を**当座借越
［負債］**または**借入金［負債］**に振り替えます。本問では当座借越勘定を用いていな
いため、**借入金［負債］**で処理します。

3 当座借越の振り替え（再振替仕訳）

　前期の決算で行った当座借越の振替処理は、翌期首になったら、決算時の逆仕訳
をしてもとの勘定に振り戻します（再振替仕訳）。

決算で行った仕訳：	（当 座 預 金）	200,000	（借 入 金）	200,000

再 振 替 仕 訳：	（借 入 金）	200,000	（当 座 預 金）	200,000

4 貯蔵品勘定への振り替え

　郵便切手やはがきは、購入時に**通信費［費用］**として処理しているため、決算に
おいて未使用分がある場合には、その金額を**通信費［費用］**から**貯蔵品［資産］**に振
り替えます。

　貯蔵品：@84円×50枚＋@63円×20枚＝5,460円

5 貯蔵品勘定への振り替え

決算において、未使用の郵便切手の金額は**通信費**［費用］から**貯蔵品**［資産］に振り替えます。また、未使用の収入印紙の金額は**租税公課**［費用］から**貯蔵品**［資産］に振り替えます。

6 貸倒れの処理

前期に発生した売掛金が貸し倒れたときは、まずは設定している**貸倒引当金**を取り崩し、設定額を超えた分は**貸倒損失**［費用］で処理します。

7 前期に貸倒処理した売掛金の回収

前期以前に貸倒処理した売掛金や受取手形を回収したときは、回収額を**償却債権取立益**［収益］で処理します。

8 再振替仕訳

決算で費用・収益の前払い・前受けや未払い・未収の処理を行ったときは、翌期首に再振替仕訳をします。再振替仕訳とは、決算で行った仕訳の逆仕訳をいいます。

| 決算で行った仕訳： | （支 払 利 息） | 22,000 | （未 払 利 息） | 22,000 |
| 再 振 替 仕 訳： | （未 払 利 息） | 22,000 | （支 払 利 息） | 22,000 |

9 損益振替

決算において、収益の勘定残高は**損益勘定の貸方**に振り替えます（仕訳の**貸方**が「損益」となります）。

10 損益振替

決算において、費用の勘定残高は**損益勘定の借方**に振り替えます（仕訳の**借方**が「損益」となります）。

　決算において、各収益の勘定残高は損益勘定の貸方に、各費用の勘定残高は損益勘定の借方に振り替えます。そして、損益勘定の貸借差額で当期純利益または当期純損失を計算し、当期純利益の場合には、損益勘定から繰越利益剰余金勘定の貸方に振り替え、当期純損失の場合には、損益勘定から繰越利益剰余金勘定の借方に振り替えます。

収益の振り替え：（収益の勘定）1,230,000 （損　　　　益）1,230,000

費用の振り替え：（損　　　　益）876,000 （費用の勘定）876,000

繰越利益剰余金勘定への振り替え：（損　　　　益）354,000 （繰越利益剰余金）354,000

12 剰余金の配当等

　繰越利益剰余金からの配当等なので、**繰越利益剰余金**［資本］の減少で処理します。なお、株主総会で承認したときは、株主配当金については**未払配当金**［負債］で処理するのですが、本問では「承認後、ただちに普通預金口座を通じて支払った」とあるので、未払配当金勘定を経由することなく、**普通預金**［資産］の減少で処理します。また、利益準備金の積立額は**利益準備金**［資本］で処理します。

13 証ひょうからの読み取り

　「法人税」の「中間申告」となっているので、160,000円は法人税の中間申告・納付額であることがわかります。したがって、**仮払法人税等**［資産］で処理します。

14 証ひょうからの読み取り

「法人税」の「確定申告」となっているので、280,000円は法人税の確定申告・納付額であることがわかります。これは、決算時に計上した未払法人税等を納付したということなので、**未払法人税等 [負債]** の減少で処理します。

決算時の仕訳： （法 人 税 等）　　×× 　（仮払法人税等）　　××
　　　　　　　　　　　　　　　　　　　　　　（未払法人税等）　280,000

決算に関する取引のポイント

［1］現金過不足
✔ 決算において原因不明の現金過不足は、**雑損 [費用]** または **雑益 [収益]** に振り替える

［2］当座借越の振り替え
✔ 決算日において当座借越が生じている場合には、貸方の当座預金残高を **当座借越 [負債]** または **借入金 [負債]** に振り替える

［3］貯蔵品勘定への振り替え
✔ 郵便切手やはがきは購入時に **通信費 [費用]**、収入印紙は購入時に **租税公課 [費用]** として処理している
　　⇒ 決算日において未使用分がある場合には、その金額を各費用の勘定から **貯蔵品 [資産]** に振り替える

［4］貸倒れの処理
✔ 前期に発生した売掛金が貸し倒れたとき
　　⇒ まずは設定している貸倒引当金を取り崩し、これを超過する金額は **貸倒損失 [費用]** で処理する
✔ 当期に発生した売掛金が貸し倒れたとき
　　⇒ 全額、**貸倒損失 [費用]** で処理する
✔ 前期以前に貸倒処理した売掛金を回収したとき
　　⇒ 回収額を **償却債権取立益 [収益]** で処理する

［5］再振替仕訳
✔ 決算で行った費用・収益の前払い・前受け、未払い・未収の仕訳は、翌期首において逆仕訳を行う

[6] 法人税等の処理

✔ 法人税等の中間申告をしたとき
　　　⇒ **仮払法人税等**［資産］を計上
✔ 決算において、法人税等の金額が確定したとき
　　　⇒ **法人税、住民税及び事業税**（または**法人税等**）を計上
　　　⇒ 中間申告時の**仮払法人税等**［資産］を減少させる
　　　⇒ 確定した税額と**仮払法人税等**［資産］との差額は、**未払法人税等**［負債］で処理

[7] 損益振替

✔ 収益の勘定残高は損益勘定の貸方に振り替える
✔ 費用の勘定残高は損益勘定の借方に振り替える
✔ 当期純利益の場合は、損益勘定の残高を、損益勘定から繰越利益剰余金勘定の貸方に振り替える

（損　　　　　益）××　（繰越利益剰余金）　××
　　　　　　　　　　　　　資本の増加を表す

✔ 当期純損失の場合は、損益勘定の残高を、損益勘定から繰越利益剰余金勘定の借方に振り替える

（繰越利益剰余金）××　（損　　　　　益）　××
　資本の減少を表す

伝票の起票

解答

	借 方		貸 方	
	記　　号	金　額	記　　号	金　額
1	(エ)仕　　　　入	80,000	(ウ)買　掛　金	80,000
2	(ウ)売　掛　金	120,000	(カ)売　　　　上	120,000

解説

　取引から伝票を起票する問題です。一部現金取引については取引を分解する方法と、2つの取引があったと仮定する方法の2つの起票方法があります。

1　**商品の仕入**

(1)　**取引の仕訳**

(仕　　　　入)	81,000	(買　掛　金)	80,000
		(現　　　金)	1,000

(2)　**取引を分解する方法**

振替伝票：	(仕　　　　入)	80,000	(買　掛　金)	80,000
出金伝票：	(仕　　　　入)	1,000	(現　　　金)	1,000

(3)　**2つの取引があったと仮定する方法**

　　この取引をいったん全額掛けで行ったとして、**買掛金［負債］**で処理し、そのうち1,000円をただちに現金で支払ったと仮定すると、各伝票の記入は次のようになります。

振替伝票：	(仕　　　　入)	81,000	(買　掛　金)	81,000
出金伝票：	(買　掛　金)	1,000	(現　　　金)	1,000

(4)　**解答**

　　問題文の出金伝票の勘定科目と金額が「取引を分解する方法」と一致するので、

こちらの方法で起票したことがわかります。

2 商品の売上

(1) **取引の仕訳**

(現	金)	20,000	(売	上)	120,000
(売 掛 金)		100,000			

(2) **取引を分解する方法**

入金伝票：(現　　　　金)　20,000　(売　　　　上)　20,000

振替伝票：(売　掛　金)　100,000　(売　　　　上)　100,000

(3) **２つの取引があったと仮定する方法**

この取引をいったん全額掛けで行ったとして、**売掛金 [資産]** で処理し、そのうち20,000円をただちに小切手を受け取った（現金で回収した）と仮定すると、各伝票の記入は次のようになります。

振替伝票：(売　掛　金)　120,000　(売　　　　上)　120,000

入金伝票：(現　　　　金)　20,000　(売　掛　金)　20,000

(4) **解答**

問題文の入金伝票の勘定科目と金額が「２つの取引があったと仮定する方法」と一致するので、こちらの方法で起票したことがわかります。

伝票の起票のポイント

✔ まずは取引の仕訳をし、取引を分解する方法と、２つの取引があったと仮定する方法で仕訳をしてみて、どちらの方法で起票しているかを考える

第2問対策−❶／21問　　補助簿の選択

解答

取引 補助簿	(1)	(2)	(3)	(4)	(5)	(6)
ア.現金出納帳	ア	㋐	ア	㋐	ア	㋐
イ.当座預金出納帳	イ	イ	イ	イ	㋑	イ
ウ.仕　　入　　帳	㋒	ウ	㋒	ウ	ウ	ウ
エ.売　　上　　帳	エ	エ	エ	㋓	エ	エ
オ.商品有高帳	㋔	オ	㋔	㋔	オ	オ
カ.売掛金元帳	カ	㋕	カ	㋕	カ	カ
キ.買掛金元帳	㋖	キ	㋖	キ	キ	キ
ク.受取手形記入帳	ク	ク	ク	㋗	ク	ク
ケ.支払手形記入帳	㋘	ケ	ケ	ケ	ケ	ケ
コ.固定資産台帳	コ	コ	コ	コ	㋙	㋙

解説

取引から記入される補助簿を選択する問題です。

取引の仕訳をし、補助簿を選択します。なお、仕訳で「売上」と「仕入」があるときは、基本的に商品有高帳にも記入します。

各取引の仕訳を示すと、次のとおりです。

⑴　**商品の仕入**

```
　　　　　　　┌▶仕入帳・商品有高帳　　　　　　┌▶支払手形記入帳
（仕　　　　入）　40,000　（支 払 手 形）　20,000
　　　　　　　　　　　　　　（買　　掛　　金）　20,000
　　　　　　　　　　　　　　　　└▶買掛金元帳
```

⑵　**売掛金の回収**

```
（現　　　　金）　50,000　（売　　掛　　金）　50,000
　　└▶現金出納帳　　　　　　　　　└▶売掛金元帳
```

(3) **仕入戻し**

（買　　掛　　金）	1,000	（仕	入）	1,000
↳買掛金元帳		↳仕入帳・商品有高帳		

(4) **商品の売上**

↳受取手形記入帳		↳売上帳・商品有高帳		
（受　取　手　形）	20,000	（売	上）	61,500
（売　　掛　　金）	41,500			
↳売掛金元帳				

（発　　送　　費）	1,500	（現	金）	1,500
		↳現金出納帳		

(5) **固定資産の購入**

（建　　　　　物）	10,000,000	（仮　払　金）	2,000,000
（土　　　　　地）	15,000,000	（当 座 預 金）	23,000,000
↳固定資産台帳		↳当座預金出納帳	

(6) **固定資産の買換え**

① 旧固定資産の売却の仕訳

（車両運搬具減価償却累計額）	500,000	（車 両 運 搬 具）	600,000
（現　　　　　金）	70,000		
（固定資産売却損）	30,000		

② 新固定資産の取得の仕訳

（車 両 運 搬 具）	800,000	（現	金）	800,000

③ 解答の仕訳（①＋②）

↳固定資産台帳		↳固定資産台帳	
（車 両 運 搬 具）	800,000	（車 両 運 搬 具）	600,000
（車両運搬具減価償却累計額）	500,000	（現	金）	730,000
（固定資産売却損）	30,000		
		↳現金出納帳	

補助簿の選択のポイント

✔ 取引の仕訳をしてから、該当する補助簿を選択する
✔ 仕訳に「仕入」、「売上」が出てきたら、基本的に商品有高帳にも記入する

解答

問1　8日 ___　4　つ___　　　20日 ___　2　つ___
問2　当座預金勘定の残高　¥ ___　336,000___ (借方)・貸方) 残高

解説

補助簿の選択と、当座預金の残高を答える問題です。

　取引の仕訳をし、補助簿を選択します。本問では記入される補助簿の数を答えます。

(1)　**4月8日の仕訳**

　　　　　　　　　▶当座預金出納帳　　　　　　▶売上帳・商品有高帳
　(当 座 預 金)　250,000　(売　　　　　上)　350,000
　(受 取 手 形)　100,000
　　　　　　　　　▶受取手形記入帳

　以上より、当座預金出納帳、売上帳、商品有高帳、受取手形記入帳の4つの補助簿に記入されます。

(2)　**4月20日の仕訳**

　小口現金の支払報告と、小切手振出しによる小口現金の補給があったので、当座預金出納帳と小口現金出納帳の2つの補助簿に記入されます（小口現金の支払報告時と補給時に分けて仕訳を考えましょう）。

　　　　　　　　　　　　　　　　　　▶小口現金出納帳
　(通　　信　　費)　 5,000　(小 口 現 金)　17,000
　(旅 費 交 通 費)　12,000

　(小 口 現 金)　17,000　(当 座 預 金)　17,000
　　▶小口現金出納帳　　　　　　　▶当座預金出納帳

問2 当座預金勘定の残高

取引の仕訳から、4月末時点の当座預金勘定の残高を計算します。

4/1	（当 座 借 越）	100,000	（当 座 預 金）	100,000
4/8	（当 座 預 金）	250,000	（売　　　　上）	350,000
	（受 取 手 形）	100,000		
4/15	（当 座 預 金）	203,000	（貸　付　金）	200,000
			（受 取 利 息）	3,000
4/20	（通　信　費）	5,000	（小 口 現 金）	17,000
	（旅 費 交 通 費）	12,000		
	（小 口 現 金）	17,000	（当 座 預 金）	17,000

当座預金残高：△100,000円＋250,000円＋203,000円－17,000円

＝336,000円（借方残高）

<h1 style="text-align:center">勘定記入 − Ⅰ</h1>

解答

	保　険　料		
（12/1）（**イ** 普 通 預 金）（　60,000）	3 /31 （**エ** 前払保険料）（　　20,000）
	〃　　（**力** 損　　　益）（　　40,000）
（　　60,000）	（　　60,000）

	前 払 保 険 料		
3 /31 （**オ** 保　　険　　料）（　　20,000）	3 /31 （**キ** 次 期 繰 越）（　　20,000）

解説

取引を勘定に記入する問題です。

各日付の仕訳を示すと次のとおりです。

×2年12月1日 保険料の支払い

（保　　険　　料）	60,000	（普 通 預 金）	60,000

	保　険　料		
（12/1）（**イ** 普 通 預 金）（　60,000）	3 /31 （　　　　　）（　　　　）
	〃　　（　　　　　）（　　　　）
（　　　　　）	（　　　　　）

×3年 3 月31日 決算整理仕訳

(1) **保険料の前払処理**

×2年12月 1 日に支払った保険料は×3年 5 月31日までの 6 か月分なので、このうち×3年 4 月 1 日から 5 月31日までの 2 か月分を次期の費用として前払処理します。

前払保険料：@10,000円× 2 か月＝20,000円

（前 払 保 険 料）	20,000	（保　　険　　料）	20,000

	保　険　料		
（12/1）（**イ** 普 通 預 金）（　60,000）	3 /31 （**エ** 前払保険料）（　　20,000）
	〃　　（　　　　　）（　　　　）
（　　　　　）	（　　　　　）

前 払 保 険 料

3 /31 （**オ** 保 険 料）（ 20,000 ）	3 /31 （		）（	）

(2) 損益勘定への振り替え

決算において、費用・収益の各勘定残高は損益勘定に振り替えます。したがって、保険料勘定の残高を損益勘定の借方に振り替えます。

（損 益） 40,000 （保 険 料） 40,000

保 険 料

（12／ 1 ）（**イ** 普 通 預 金）（ 60,000 ）	3 /31 （**エ** 前 払 保 険 料）（ 20,000 ）
	〃 （**カ** 損 益）（ 40,000 ）
（ ）	（ ）

(3) 前払保険料の次期繰越額

決算において、前払処理した保険料20,000円が前払保険料の次期繰越額となります。

解答

ア	イ	ウ	エ	オ
前払地代	70,000	前払地代	130,000	支払地代
カ	キ	ク	ケ	コ
84,000	支払地代	70,000	次期繰越	84,000

解説

費用の前払いに関する、期首および決算時の勘定記入の問題です。

各日付の仕訳は次のとおりです。

4月1日　再振替仕訳

前払地代勘定の借方に「4/1 前期繰越 70,000」とあるので、前期末において、支払地代70,000円を前払処理していることがわかります。したがって、当期首において再振替仕訳をします。

前 期 末：（前 払 地 代）　70,000　（支 払 地 代）　70,000

当 期 首：（支 払 地 代）　70,000　（前 払 地 代）　70,000

11月1日　地代の支払い

支払地代勘定の借方に「11/1 現金 144,000」とあるので、11月1日に地代144,000円を現金で支払ったことがわかります。

（支 払 地 代）　144,000　（現　　　　金）　144,000

3月31日　支払地代の前払処理

支払地代勘定の貸方にある「3/31 ［ウ］84,000」は、決算において地代84,000円を次期の費用として前払処理したことを表します。したがって、3月31日に行われる支払地代の前払処理の仕訳は次のようになります。

（前 払 地 代）　84,000　（支 払 地 代）　84,000

3月31日 支払地代勘定から損益勘定への振り替え

　決算において、費用・収益の各勘定残高は損益勘定に振り替えます。したがって、支払地代勘定の残高（貸借差額）を損益勘定の借方に振り替えます。

（損　　　　　益）　130,000　（支　払　地　代）　130,000

3月31日 前払地代の次期繰越額

　決算において、前払処理した地代84,000円が前払地代の次期繰越額となります。

　以上より、各勘定の空欄は次のようになります。

支　払　地　代

4 / 1	[ア→前払地代]	(イ→ 70,000)	3 /31	[ウ→前払地代]	84,000
11/ 1	現　　　　金	144,000	〃	損　　　　益	(エ→ 130,000)
		(214,000)			(214,000)

前　払　地　代

4 / 1	前　期　繰　越	70,000	4 / 1	[キ→支払地代]	(ク→ 70,000)
3 /31	[オ→支払地代]	(カ→ 84,000)	3 /31	[ケ→次期繰越]	(コ→ 84,000)
		(154,000)			(154,000)

解答

支 払 利 息

（4/1）[エ 前 払 利 息]〈	8,000〉	（3/31）[エ 前 払 利 息]〈	18,000〉
（8/1）[ク 借 入 金]〈	27,000〉	（3/31）[ア 損 　 益]〈	44,000〉
（2/1）[キ 当 座 預 金]〈	27,000〉	（　　）[　　　　　] 〈	〉
〈	62,000〉	〈	62,000〉

前 払 利 息

（4/1）[オ 前 期 繰 越]〈	8,000〉	（4/1）[イ 支 払 利 息]〈	8,000〉
（3/31）[イ 支 払 利 息]〈	18,000〉	（3/31）[カ 次 期 繰 越]〈	18,000〉
〈	26,000〉	〈	26,000〉

解説

　利息の計上に関する勘定記入の問題です。当期は×3年4月1日から×4年3月31日までなので、この期間の取引を勘定に記入します。

　タイムテーブルを書いて資料を整理すると、次のとおりです。

　各取引日の記入事項と仕訳を示すと、次のとおりです。

借入時の仕訳をします。向こう半年分（×2年8月1日から×3年1月31日まで）の利息を計算します。

（支 払 利 息）	12,000*	（借 入 金）	2,000,000
（当 座 預 金）	1,988,000		

* $2,000,000円 \times 1.2\% \times \dfrac{6か月}{12か月} = 12,000円$

なお、当期は×3年4月1日から×4年3月31日までなので、この仕訳の金額は勘定記入には使いません。

×3年2月1日 前期：利払時の仕訳

向こう半年分（×3年2月1日から7月31日まで）の利息の支払時の仕訳をします。

（支 払 利 息）	12,000*	（当 座 預 金）	12,000

* $2,000,000円 \times 1.2\% \times \dfrac{6か月}{12か月} = 12,000円$

この仕訳の金額は、当期の勘定記入には使いません。

×3年3月31日 前期：決算時の仕訳

×3年2月1日に、向こう半年分（×3年2月1日から7月31日まで）の利息を前払いしているので、このうち次期の分（×3年4月1日から7月31日までの4か月分）を前払利息として計上します。

（前 払 利 息）	8,000*	（支 払 利 息）	8,000

* $12,000円 \times \dfrac{4か月}{6か月} = 8,000円$

この「前払利息8,000円」は翌期（本問では当期）に繰り越されるので、前払利息勘定に「**前期繰越**」として記入します。

	前 払 利 息		
（4/1）[オ 前 期 繰 越]〈 8,000〉	（ ）[ ]〈 〉
（ ）[ ]〈 〉	（ ）[ ]〈 〉
〈 〉	〈 〉

×3年4月1日　当期：期首の仕訳

　当期の期首において、前期末に行った利息の前払いにつき、再振替仕訳を行います。

（支 払 利 息）	8,000	（前 払 利 息）	8,000

支 払 利 息

（4/1）［エ 前 払 利 息］〈	8,000〉	（　　）［　　　　　］〈	〉
（　　）［　　　　　］〈	〉	（　　）［　　　　　］〈	〉
（　　）［　　　　　］〈	〉	（　　）［　　　　　］〈	〉
〈	〉	〈	〉

前 払 利 息

（4/1）［オ 前 期 繰 越］〈	8,000〉	（4/1）［イ 支 払 利 息］〈	8,000〉
（　　）［　　　　　］〈	〉		
〈	〉	〈	〉

×3年7月31日　当期：返済時の仕訳

　借入金を返済したときの仕訳をします（本問では利息に関する勘定記入のみなので、借入金の返済時の仕訳はしなくてもかまいません）。

（借 　入　 金）	2,000,000	（当 座 預 金）	2,000,000

×3年8月1日　当期：借入時、利払時の仕訳

　借入時の仕訳をします。向こう半年分（×3年8月1日から×4年1月31日まで）の利息を計算します。

（支 払 利 息）	27,000*	（借 　入　 金）	3,000,000
（当 座 預 金）	2,973,000		

$$* \quad 3,000,000円 \times 1.8\% \times \dfrac{6か月}{12か月} = 27,000円$$

支 払 利 息

（4/1）［エ 前 払 利 息］〈	8,000〉	（　　）［　　　　　］〈	〉
（8/1）［ク 借 　入　 金］〈	27,000〉	（　　）［　　　　　］〈	〉
（　　）［　　　　　］〈	〉	（　　）［　　　　　］〈	〉
〈	〉	〈	〉

向こう半年分（X4年2月1日から7月31日まで）の利息の支払時の仕訳をします。

（支 払 利 息） 27,000* （当 座 預 金） 27,000

$$* \quad 3,000,000円 \times 1.8\% \times \frac{6か月}{12か月} = 27,000円$$

支 払 利 息

（4/1）[エ 前 払 利 息] 〈	8,000〉	（ ）[	] 〈	〉
（8/1）[ク 借 入 金] 〈	27,000〉	（ ）[	] 〈	〉
（2/1）[キ 当 座 預 金] 〈	**27,000**〉	（ ）[	] 〈	〉
〈	〉			〈	〉

決算時の仕訳をします。X4年2月1日に、向こう半年分（X4年2月1日から7月31日まで）の利息を前払いしているので、このうち次期の分（X4年4月1日から7月31日までの4か月分）を前払利息として計上します。

（前 払 利 息） 18,000* （支 払 利 息） 18,000

$$* \quad 27,000円 \times \frac{4か月}{6か月} = 18,000円$$

支 払 利 息

（4/1）[エ 前 払 利 息] 〈	8,000〉	（3/31）[エ 前 払 利 息] 〈	**18,000**〉
（8/1）[ク 借 入 金] 〈	27,000〉	（ ）[ ] 〈	〉
（2/1）[キ 当 座 預 金] 〈	27,000〉	（ ）[ ] 〈	〉
〈	〉	〈	〉

前 払 利 息

（4/1）[オ 前 期 繰 越] 〈	8,000〉	（4/1）[イ 支 払 利 息] 〈	8,000〉
（3/31）[イ 支 払 利 息] 〈	**18,000**〉	（ ）[ ] 〈	〉
〈	〉	〈	〉

支払利息勘定の貸借差額を損益勘定に振り替えます。

（損 益） 44,000 （支 払 利 息） 44,000

支 払 利 息

（4／1）[エ 前払利息]〈	8,000〉	（3／31）[エ 前払利息]〈	18,000〉
（8／1）[ク 借 入 金]〈	27,000〉	（3／31）[ア 損 益]〈	**44,000**〉
（2／1）[キ 当座預金]〈	27,000〉	（ ）[ ]〈	〉
〈	**62,000**〉	〈	**62,000**〉

最後に前払利息勘定の貸方に次期繰越額（18,000円）を記入します。

前 払 利 息

（4／1）[オ 前期繰越]〈	8,000〉	（4／1）[イ 支払利息]〈	8,000〉
（3／31）[イ 支払利息]〈	18,000〉	（3／31）[カ 次期繰越]〈	**18,000**〉
〈	**26,000**〉	〈	**26,000**〉

以上より、各勘定の空欄を埋めると、解答のようになります。

第2問対策

勘定記入 − Ⅳ

仮払法人税等

(11/30) [ア 普 通 預 金]	〈 163,000〉	(3/31) [ウ 法 人 税 等]	〈 163,000〉

未払法人税等

(5/31) [ア 普 通 預 金]	〈 203,000〉	(4/1) [イ 前 期 繰 越]	〈 203,000〉
(3/31) [ケ 次 期 繰 越]	〈 242,000〉	(3/31) [ウ 法 人 税 等]	〈 242,000〉
	〈 445,000〉		〈 445,000〉

法 人 税 等

(3/31) [ク 諸 口]	〈 405,000〉	(3/31) [キ 損 益]	〈 405,000〉

損 益

3/31 仕 入	2,340,000	3/31 売 上	5,800,000
3/31 その他費用	2,110,000	( ) [ ]	〈 〉
(3/31) [ウ 法 人 税 等]	〈 405,000〉	( ) [ ]	〈 〉
(3/31) [カ 繰越利益剰余金]	〈 945,000〉	( ) [ ]	〈 〉
	〈 5,800,000〉		〈 5,800,000〉

法人税等の処理に関する勘定記入の問題です。

資料の指示にしたがって、仕訳をすると次のようになります。

1 **前期末（3/31）の仕訳**

前期末の決算で確定した法人税等が326,000円、前期の中間納付額が123,000円なので、前期末における法人税等を計上する仕訳は次のようになります。

（法 人 税 等）	326,000	（仮 払 法 人 税 等）	123,000
		（未 払 法 人 税 等）	203,000

未払法人税等203,000円は、当期に繰り越されるので、未払法人税等勘定の貸方に当期首の日付（4/1）で、「前期繰越」として、203,000円を記入します。

未 払 法 人 税 等

( )[ ] 〈 〉	(4/1)[**イ** 前 期 繰 越]〈 **203,000**〉
( )[ ] 〈 〉	( )[ ]〈 〉
〈 〉	〈 〉

2 **未払法人税等の納付（5/31）の仕訳**

前期末に計上した未払法人税等の納付の仕訳をします。

（未払法人税等）　203,000　（普 通 預 金）　203,000

未 払 法 人 税 等

(5/31)[**ア** 普 通 預 金]〈 **203,000**〉	(4/1)[**イ** 前 期 繰 越]〈 **203,000**〉
( )[ ]〈 〉	( )[ ]〈 〉
〈 〉	〈 〉

3 **中間納付時（11/30）の仕訳**

法人税等の中間納付の仕訳をします。なお金額は、「前期の法人税等の半分」なので、163,000円（326,000円÷2）です。

（仮払法人税等）　163,000　（普 通 預 金）　163,000

仮 払 法 人 税 等

(11/30)[**ア** 普 通 預 金]〈 **163,000**〉	( )[ ]〈 〉

4 **決算時（3/31）の仕訳**

決算において、当期の法人税等の額が確定したら、法人税等を計上します。本問では、損益勘定で当期の利益を計算し、それに30%を掛けて法人税等の金額を計算します。

当期の利益：5,800,000円 − (2,340,000円 + 2,110,000円) = 1,350,000円
　　　　　　　売上　　　　　仕入　　　その他費用

法 人 税 等：1,350,000円 × 30% = 405,000円

（法 人 税 等）　405,000　（仮払法人税等）　163,000
　　　　　　　　　　　　　　　（未払法人税等）　242,000

仮 払 法 人 税 等

(11/30)[ア 普 通 預 金]〈 163,000〉	(3/31)[ウ 法 人 税 等]〈 **163,000**〉

未 払 法 人 税 等

(5/31)[ア 普 通 預 金]〈 203,000〉	(4/1)[イ 前 期 繰 越]〈 203,000〉
(　　　)[　　　　　]〈 　　　　〉	(3/31)[ウ 法 人 税 等]〈 **242,000**〉
〈 　　　　〉	〈 　　　　〉

法 人 税 等

(3/31)[ク 諸　　口]〈 **405,000**〉	(　　　)[　　　　　]〈 　　　〉

　未払法人税等242,000円は、次期に繰り越されるので、未払法人税等勘定の借方に当期末の日付（3/31）で、「次期繰越」として、242,000円を記入します。

未 払 法 人 税 等

(5/31)[ア 普 通 預 金]〈 203,000〉	(4/1)[イ 前 期 繰 越]〈 203,000〉
(3/31)[ケ 次 期 繰 越]〈 **242,000**〉	(3/31)[ウ 法 人 税 等]〈 242,000〉
〈 **445,000**〉	〈 **445,000**〉

5　決算振替仕訳（3/31）

　法人税等勘定の残高を**損益勘定**に振り替えます。

（損 益）	405,000	（法 人 税 等）	405,000

法 人 税 等

(3/31)[ク 諸　　口]〈 405,000〉	(3/31)[キ 損　　益]〈 **405,000**〉

損 益

3/31　仕　　入　2,340,000	3/31　売　　上　5,800,000
3/31　その他費用　2,110,000	(　　)[　　　]〈 　　　〉
(3/31)[ウ 法 人 税 等]〈 **405,000**〉	(　　)[　　　]〈 　　　〉
(　　)[　　　]〈 　　　〉	(　　)[　　　]〈 　　　〉
〈 　　　〉	〈 　　　〉

　最後に損益勘定の残高を**繰越利益剰余金勘定**に振り替えます。

（損 益）	945,000	（繰越利益剰余金）	945,000

		損		益		
3/31	仕　　　　入	2,340,000	3/31	売　　　　上		5,800,000
3/31	その他費用	2,110,000	(　　)[　　　　]	〈　　　　　　〉		
(3/31)	[ウ 法 人 税 等] 〈 405,000〉		(　　)[　　　　]	〈　　　　　　〉		
(3/31)	[カ 繰越利益剰余金] 〈 945,000〉		(　　)[　　　　]	〈　　　　　　〉		
		〈 5,800,000〉				〈 5,800,000〉

以上より、各勘定の空欄を埋めると、解答のようになります。

解答

①	②	③	④	⑤
20,000	ウ　損　　　益	720,000	イ　繰越利益剰余金	720,000

解説

剰余金の配当と処分、当期純損益の振り替えに関する勘定記入問題です。

1　6月25日の勘定記入

　6月25日の日付で、利益準備金勘定と繰越利益剰余金勘定に記入されている取引は剰余金の配当と利益準備金の積み立てです。

（繰越利益剰余金）	200,000	（未 払 配 当 金）	200,000
（繰越利益剰余金）	20,000	（利 益 準 備 金）	20,000

2　3月31日の勘定記入

　決算において、損益勘定の貸借差額で計算した当期純損益は繰越利益剰余金勘定に振り替えます。本問は収益（貸方）合計のほうが費用（借方）合計よりも多いので、当期純利益となります。

　3,000,000円 ＋ 20,000円 － （1,200,000円 ＋ 800,000円 ＋ 300,000円） ＝ 720,000円
　　売上　　　受取利息　　　　　仕入　　　　　給料　　　　法人税等

　当期純利益は、資本の増加を表すため、繰越利益剰余金勘定の貸方に振り替えます。

（損　　　　　益）	720,000	（繰越利益剰余金）	720,000

　以上より勘定に記入すると、次のとおりです。

利 益 準 備 金

3 /31	次 期 繰 越	(320,000)	4 / 1	前 期 繰 越	300,000
			6 /25	繰越利益剰余金	(① 20,000)
		(320,000)			(320,000)

繰越利益剰余金

6 /25	未払配当金	200,000	4 / 1	前 期 繰 越	400,000
〃	利益準備金	20,000	3 /31	(②損　　　益)	(③ 720,000)
3 /31	次 期 繰 越	(900,000)			
		(1,120,000)			(1,120,000)

損　　　益

3 /31	仕　　　入	1,200,000	3 /31	売　　　上	3,000,000
〃	給　　料	800,000	〃	受 取 利 息	20,000
〃	法 人 税 等	300,000			
〃	(④繰越利益剰余金)	(⑤ 720,000)			
		(3,020,000)			(3,020,000)

解答

備　　　　品

4/1　前　期　繰　越	〈　　1,268,000〉	(3/31)[力 次 期 繰 越]	〈　　2,132,000〉
7/1　当　座　預　金	〈　　　864,000〉	(　　　)[　　　　　]	〈　　　　　　　〉
	〈　　2,132,000〉		〈　　2,132,000〉

備品減価償却累計額

(3/31)[力 次 期 繰 越]	〈　　　644,000〉	(4/1)[オ 前 期 繰 越]	340,000〉
(　　　)[　　　　　]	〈　　　　　　　〉	(3/31)[ア 減価償却費]	304,000〉
	〈　　　644,000〉		〈　　　644,000〉

減　価　償　却　費

(3/31)[イ 備品減価償却累計額]	〈　　　304,000〉	(3/31)[ウ 損　　　益]	〈　　　304,000〉

解説

　固定資産の取得および減価償却に関する勘定記入の問題です。当期（×4年4月1日から×5年3月31日まで）の仕訳を考えて解答しましょう。

1 **備品勘定の記入**

(1)　×4年4月1日　前期繰越

　　当期首（×4年4月1日）時点で、所有する備品は備品Aと備品Bです。したがって、備品勘定の前期繰越額は備品Aと備品Bの取得原価を合計して求めます。

　　前期繰越額：500,000円＋768,000円＝1,268,000円

(2)　×4年7月1日　備品Cの購入

　　備品Cの取得年月日が×4年7月1日なので、備品C（取得原価864,000円）は当期に取得したことがわかります。

　　取得時の仕訳：　（備　　　品）　864,000　（当　座　預　金）　864,000

2 備品減価償却累計額勘定の記入

(1) ×4年4月1日　前期繰越

固定資産台帳の期首減価償却累計額の合計金額を記入します。

なお、備品Bは前期の11月1日に取得しているので、前期に11月1日から3月31日までの5か月分の減価償却費が計上されています。

備品Bの前期の減価償却費（期首減価償却累計額）：

$$768,000円 ÷ 8年 × \frac{5か月}{12か月} = 40,000円$$

したがって、期首減価償却累計額の合計（前期繰越額）は340,000円となります。

前期繰越額：300,000円 + 40,000円 = 340,000円

(2) ×5年3月31日（貸方）

決算において、減価償却をすることによって、備品減価償却累計額勘定の貸方に金額が記入されます。当期の減価償却費は、固定資産台帳の当期減価償却費の合計金額ですが、備品Cは当期の7月1日に取得しているので、7月1日から3月31日までの9か月分を計上します。

備品Cの減価償却費：$864,000円 ÷ 6年 × \frac{9か月}{12か月} = 108,000円$

当期の減価償却費：100,000円 + 96,000円 + 108,000円 = 304,000円

決算時の仕訳：（減価償却費）　304,000　（備品減価償却累計額）　304,000

3 減価償却費勘定の記入

決算において計算した減価償却費（2参照）を記入します。

また、減価償却費勘定の残高を損益勘定に振り替えます。

（損　　益）　304,000　（減価償却費）　304,000

以上より、各勘定の空欄を埋めると、解答のようになります。

解答

①	②	③	④	⑤
720	396	1,884	2,826	450

解説

商品有高帳から商品売買に関する諸勘定に記入する問題です。

商品有高帳の各日付の仕訳と各金額は次のようになります。

4月1日　前期繰越

4月1日の残高欄の金額（720円）は前期から繰り越された金額として、繰越商品勘定の「前期繰越」に記入します。…①

4月5日　仕入

商品を仕入れたときは、原価で受入高欄に記入するので、受入高に記載されている金額（480円）で仕入れたことがわかります。

|（仕　　　　　入）| 480 |（買　　掛　　金）| 480 |

4月7日　売上

商品を売り上げたときは、払出高欄に記入しますが、商品有高帳に記入される単価は売り上げた商品の原価です。そのため、売上の金額は売価（@30円）と払出高欄の数量（15個）を掛けて計算します。

売上：@30円×15個＝450円…⑤

|（売　　掛　　金）| 450 |（売　　　　　上）| 450 |

4月21日　仕入

|（仕　　　　　入）| 1,080 |（買　　掛　　金）| 1,080 |

4月22日　売上

売上：@33円×72個＝2,376円

（売　　掛　　金）	2,376	（売　　　　　上）	2,376

4月30日　売上原価の算定

決算において売上原価を算定します。

なお、期首商品棚卸高は商品有高帳の前期繰越額（720円）、期末商品棚卸高は商品有高帳の次月繰越額（396円）となります。…②

（仕　　　　　入）	720	（繰　越　商　品）	720
（繰　越　商　品）	396	（仕　　　　　入）	396

4月30日　損益勘定への振り替え

決算において費用と収益の諸勘定残高を損益勘定に振り替えます。

本問では仕入勘定の残高（売上原価）を仕入勘定から損益勘定の借方に振り替えます。…③

（損　　　　　益）	1,884	（仕　　　　　入）	1,884

また、売上勘定の残高（売上高）を売上勘定から損益勘定の貸方に振り替えます。…④

（売　　　　　上）	2,826	（損　　　　　益）	2,826

以上より、各勘定を埋めると次のようになります。

繰 越 商 品

4 / 1 前 期 繰 越 （① 720）	4 /30 仕 入 720
30 仕 入 （ 396）	〃 次 期 繰 越 （② 396）
（ 1,116）	（ 1,116）

仕 入

4 / 5 買 掛 金 （ 480）	4 /30 繰 越 商 品 （ 396）
21 買 掛 金 （ 1,080）	〃 損 益 （③ 1,884）
30 繰 越 商 品 （ 720）	
（ 2,280）	（ 2,280）

売 上

4 /30 損 益 （④ 2,826）	4 / 7 売 掛 金 （⑤ 450）
	22 売 掛 金 （ 2,376）
（ 2,826）	（ 2,826）

商品有高帳— I

解答

商 品 有 高 帳
商 品 甲

（先入先出法）

日 付		摘 要	受 入			払 出			残 高		
			数量	単価	金額	数量	単価	金額	数量	単価	金額
5	1	前月繰越	10	300	3,000				10	300	3,000
	10	仕　入	30	320	9,600				{10	300	3,000
									{30	320	9,600
	14	売　上				{10	300	3,000			
						{15	320	4,800	15	320	4,800
	20	仕　入	45	330	14,850				{15	320	4,800
									{45	330	14,850
	22	仕入戻し				5	330	1,650	{15	320	4,800
									{40	330	13,200
	24	売　上				{15	320	4,800			
						{25	330	8,250	15	330	4,950
	31	次月繰越				15	330	4,950			
			85	—	27,450	85	—	27,450			
6	1	前月繰越	15	330	4,950				15	330	4,950

解説

先入先出法によって商品有高帳に記入する問題です。

先入先出法は、さきに受け入れたものからさきに払い出したと仮定して商品の払出
単価を計算する方法です。

解答

問1

商　品　有　高　帳

（移動平均法）　　　　　　商　品　　A

日付		摘　要	受　入			払　出			残　高		
			数量	単価	金額	数量	単価	金額	数量	単価	金額
6	1	前月繰越	20	200	4,000				20	200	4,000
	8	仕　　入	20	240	4,800				40	220	8,800
	10	売　　上				30	220	6,600	10	220	2,200
	15	仕　　入	40	250	10,000				50	244	12,200
	20	売　　上				20	244	4,880	30	244	7,320
	26	仕　　入	15	256	3,840				45	248	11,160
	28	仕入戻し				5	256	1,280	40	247	9,880
	30	次月繰越				40	247	9,880			
			95	―	22,640	95	―	22,640			
7	1	前月繰越	40	247	9,880				40	247	9,880

問2

売上総利益の計算

売　　上　　高	（　　17,700　）
売　上　原　価	（　　11,480　）
売　上　総　利　益	（　　6,220　）

解説

問1　**商品有高帳の記入**

　移動平均法を採用しているので、商品を仕入れるつど、平均単価を計算し、平均単価を払出単価とします。

　商品有高帳には、商品の移動がある場合と仕入単価が変動する場合に記入するため、返品（仕入戻し、売上戻り）についても商品有高帳に記入します。

商 品 有 高 帳

（移動平均法）　　　　　商 品 　 Ａ

日 付		摘 　 要	受　　入			払　　出			残　　高		
			数量	単価	金額	数量	単価	金額	数量	単価	金額
6	1	前月繰越	20	200	4,000				20	200	4,000
	8	仕　　入	20	240	4,800				40	❶220	8,800
	10	売　　上				30	220	6,600	10	220	2,200
	15	仕　　入	40	250	10,000				50	❷244	12,200
	20	売　　上				20	244	4,880	30	244	7,320
	26	仕　　入	15	256	3,840				45	❸248	11,160
	28	仕入戻し				5	❹256	1,280	40	❺247	9,880
	30	次月繰越				40	247	9,880			
			95	—	22,640	95	—	22,640			
7	1	前月繰越	40	247	9,880				40	247	9,880

❶平均単価：$\dfrac{4,000円＋4,800円}{20個＋20個}＝@220円$

❷平均単価：$\dfrac{2,200円＋10,000円}{10個＋40個}＝@244円$

❸平均単価：$\dfrac{7,320円＋3,840円}{30個＋15個}＝@248円$

❹仕入戻しの場合は、仕入れたときの単価で記入します。

❺平均単価：$\dfrac{11,160円－1,280円}{45個－5個}＝@247円$

問2　売上総利益の計算

売上高から売上原価を差し引いて売上総利益を計算します。

⑴　**売上高**

@350円×30個 ＋ @360円×20個 ＝ 17,700円
　　6/10 売上　　　　6/20 売上

⑵　**売上原価**

6,600円 ＋ 4,880円 ＝ 11,480円
6/10の　　6/20の
払出欄の金額　払出欄の金額

または、4,000円 ＋（4,800円＋10,000円＋3,840円－1,280円）－9,880円 ＝ 11,480円
　　　　前月繰越額　　　　　　　当月純仕入額　　　　　　　　　次月繰越額

⑶　**売上総利益**

17,700円 － 11,480円 ＝ 6,220円

小 口 現 金 出 納 帳

受　　入	×5年		摘　　要	支　　払	内　　訳			
					旅費交通費	消耗品費	通信費	雑　　費
30,000	4	3	小　切　手					
	〃		電　車　代	3,500	3,500			
		4	ボールペン代	1,000		1,000		
	〃		郵便切手代	1,600			1,600	
		5	新　聞　代	3,400				3,400
	〃		コピー用紙代	2,100		2,100		
		6	タクシー代	4,400	4,400			
	〃		お茶菓子代	2,700				2,700
		7	電　話　代	4,200			4,200	
	〃		バ　ス　代	800	800			
			合　　　計	23,700	8,700	3,100	5,800	6,100
	〃		次　週　繰　越	6,300				
30,000				30,000				
6,300	4	10	前　週　繰　越					
23,700		〃	小　　切　　手					

日付	借　　　方			貸　　　方		
	記　　号	金　　額		記　　号	金　　額	
4／7	（ウ）旅 費 交 通 費	8,700		（ア）小　口　現　金	23,700	
	（エ）消　耗　品　費	3,100				
	（オ）通　　信　　費	5,800				
	（カ）雑　　　　　費	6,100				
4／10	（ア）小　口　現　金	23,700		（イ）当　座　預　金	23,700	

解説

小口現金出納帳に記入し、週末および週明けの仕訳を答える問題です。

1 小口現金出納帳の記入

本問は週明けに資金を補給しているので、翌週の月曜日に資金が補給されます。

小 口 現 金 出 納 帳

受　　　入	×5年	摘　　　要	支　　払	旅費交通費	消耗品費	通信費	雑　　費
〜〜〜							
		合　　　計	23,700	8,700	3,100	5,800	6,100
	〃	次 週 繰 越	6,300				
30,000			30,000				
6,300	4 10	前 週 繰 越					
23,700	〃	小　切　手					

週明けに支払
金額を補給

2 仕　訳

(1) 4月7日…小口現金の支払いに関する仕訳をします。

(2) 4月10日…小口現金の補給に関する仕訳をします。

小口現金出納帳のポイント

[1] 週明け補給の場合

✔ 週末の仕訳…小口現金の支払いに関する仕訳

✔ 週明けの仕訳…小口現金の補給に関する仕訳

[2] 週末補給の場合

✔ 週末の仕訳…小口現金の支払いに関する仕訳
　　　　　　　＆小口現金の補給に関する仕訳

✔ 週明けの仕訳…なし

解答

帳簿の名称：（ウ 受取手形）記入帳

取引の仕訳

日付	借　　方		貸　　方	
	記　　　号	金　　額	記　　　号	金　　額
9 / 15	（ウ）受 取 手 形	300,000	（カ）売　　　上	300,000
10/ 5	（ウ）受 取 手 形	500,000	（イ）売 掛 金	500,000
12/15	（ア）当 座 預 金	300,000	（ウ）受 取 手 形	300,000

解説

手形記入帳に記入された取引を答える問題です。

1 帳簿の名称

摘要欄に「売上」、「売掛金」とあり、また「受取人欄」がないことから受取手形記入帳ということがわかります（受取手形記入帳の場合、受取人は常に当社のため、「受取人欄」がありません）。

2 取引の仕訳

9月15日　摘要欄に「売上」、手形種類欄に「約手」とあるので、商品を売り上げ、約束手形を受け取ったことがわかります。

10月5日　摘要欄に「売掛金」、手形種類欄に「約手」とあるので、売掛金の回収として約束手形を受け取ったことがわかります。

12月15日　てん末欄に「当座預金口座に入金」とあるので、約束手形の代金が当座預金口座に入金されたことがわかります。

解答

帳簿の名称：（オ　支払手形）記入帳

取引の仕訳

日付	借 方		貸 方	
	記　　　号	金　　額	記　　　号	金　　額
4/10	（キ）仕　　　　　入	500,000	（オ）支　払　手　形	500,000
5/15	（エ）買　　掛　　金	700,000	（オ）支　払　手　形	700,000
7/10	（オ）支　払　手　形	500,000	（ア）当　座　預　金	500,000

解説

手形記入帳に記入された取引を答える問題です。

1　帳簿の名称

　摘要欄に「仕入」、「買掛金」とあり、また「受取人欄」と「振出人欄」があることから支払手形記入帳ということがわかります。

2　取引の仕訳

　4月10日　摘要欄に「仕入」、手形種類欄に「約手」とあるので、商品を仕入れ、約束手形を振り出したことがわかります。

　5月15日　摘要欄に「買掛金」、手形種類欄に「約手」とあるので、買掛金を支払うために約束手形を振り出したことがわかります。

　7月10日　てん末欄に「当座預金口座から引き落し」とあるので、約束手形が決済され、当座預金口座から支払われたことがわかります。

解答

5月31日時点の残高

島根商事：¥　78,500　　　広島商事：¥　45,000

解説

買掛金元帳に関する問題です。

取引先別の買掛金の残高を計算するため、仕訳をするときは「買掛金」の後ろに取引先を書いておきます。

(1)　**取引の仕訳**

5月8日	（仕　　　入）	50,000*¹	（買掛金・島根）		50,000

＊1　@1,000円×50個＝50,000円

5月10日	（仕　　　入）	120,000*²	（当 座 預 金）		20,000
			（買 掛 金・広 島）		100,000

＊2　@1,500円×80個＝120,000円

5月12日	（買掛金・広島）	15,000*³	（仕　　　入）		15,000

＊3　@1,500円×10個＝15,000円

5月18日	（仕　　　入）	77,000*⁴	（支 払 手 形）		38,500
			（買 掛 金・島 根）		38,500

＊4　@1,100円×70個＝77,000円

5月23日	（仕　　　入）	84,000*⁵	（買掛金・山口）		84,000

＊5　@1,400円×60個＝84,000円

5月30日	（買掛金・島根）	70,000	（当 座 預 金）		155,000
	（買掛金・広島）	85,000			

(2)　**取引先別の買掛金の残高**

島根商事：60,000円＋50,000円＋38,500円−70,000円＝78,500円

広島商事：45,000円＋100,000円−15,000円−85,000円＝45,000円

山口商事：84,000円

116

第**2**問対策－**⑯**／21問　　　　　　　　　**決算仕訳**

	借　　　　方		貸　　　　方	
	記　　　号	金　　額	記　　　号	金　　額
1	（ウ）売　上　原　価	200,000	（ア）繰　越　商　品	200,000
2	（ウ）売　上　原　価	2,800,000	（イ）仕　　　　　入	2,800,000
3	（ア）繰　越　商　品	300,000	（ウ）売　上　原　価	300,000
4	（オ）損　　　　　益	2,700,000	（ウ）売　上　原　価	2,700,000

解説

　売上原価を算定する方法には、仕入勘定を用いる場合と、売上原価勘定を用いる場合があります。本問は、売上原価勘定を用いて売上原価を算定している場合の、決算における仕訳を答える問題です。

　以下、売上原価を仕入勘定で算定している場合と、売上原価を売上原価勘定で算定している場合を、比較しながらみてみましょう。

1　売上原価を仕入勘定で算定している場合

❶　**期首商品棚卸高を振り替える仕訳**

　　期首商品棚卸高を**繰越商品勘定**から**仕入勘定**に振り替えます。

　　（仕　　　　　入）　　200,000　　（繰　越　商　品）　　200,000

❷ 当期商品仕入高を振り替える仕訳

仕入勘定を用いて売上原価を算定している場合、当期商品仕入高を振り替える仕訳はありません。

> 仕訳なし

❸ 期末商品棚卸高を振り替える仕訳

期末商品棚卸高を**仕入勘定**から**繰越商品勘定**に振り替えます。

> （繰 越 商 品） 300,000 （仕 入） 300,000

❹ 売上原価を損益勘定に振り替える仕訳

仕入勘定の残高を**仕入勘定**から**損益勘定**の借方に振り替えます。

> （損 益） 2,700,000 （仕 入） 2,700,000

2 売上原価を売上原価勘定で算定している場合…解答

❶ 期首商品棚卸高を振り替える仕訳

期首商品棚卸高を**繰越商品勘定**から**売上原価勘定**に振り替えます。

> （売 上 原 価） 200,000 （繰 越 商 品） 200,000

❷ **当期商品仕入高を振り替える仕訳**

売上原価勘定を用いて売上原価を算定している場合、当期商品仕入高を**仕入勘定**から**売上原価勘定**に振り替えます。

| （売 上 原 価） | 2,800,000 | （仕　　　　　入） | 2,800,000 |

❸ **期末商品棚卸高を振り替える仕訳**

期末商品棚卸高を**売上原価勘定**から**繰越商品勘定**に振り替えます。

| （繰 越 商 品） | 300,000 | （売 上 原 価） | 300,000 |

❹ **売上原価を損益勘定に振り替える仕訳**

売上原価勘定の残高を**売上原価勘定**から**損益勘定**の借方に振り替えます。

| （損　　　　　益） | 2,700,000 | （売 上 原 価） | 2,700,000 |

証ひょうからの読み取り

解答

	借 方		貸 方	
	記　　号	金　額	記　　号	金　額
8.20	(オ)買　掛　金	200,000	(イ)普　通　預　金	200,000
8.21	(イ)普　通　預　金	150,000	(ア)現　　　金	150,000
8.22	(イ)普　通　預　金	344,500	(エ)売　掛　金	345,000
	(コ)支 払 手 数 料	500		
8.25	(ケ)給　　　料	800,000	(イ)普　通　預　金	761,000
	(コ)支 払 手 数 料	1,000	(カ)所 得 税 預 り 金	40,000

解説

証ひょうから取引を読み取って、仕訳を答える問題です。

普通預金口座の入出金明細なので、出金金額欄に記入があるものは、普通預金の減少を表し、入金金額欄に記入があるものは、普通預金の増加を表します。

1　8月20日の取引

出金金額欄に金額の記載があるので、**普通預金［資産］**の減少です。また、大阪商事は商品の取引先で、商品売買は掛けで行っていることから、大阪商事に対する買掛金を普通預金口座から支払った取引であることがわかります。

2　8月21日の取引

入金金額欄に金額の記載があるので、**普通預金［資産］**の増加です。また、内容欄に「ATM入金」とあるので、ATMから現金を普通預金口座に入金した取引であることがわかります。

3　8月22日の取引

入金金額欄に金額の記載があるので、**普通預金 [資産]** の増加です。また、京都産業は商品の取引先で、商品売買は掛けで行っていることから、京都産業に対する売掛金が普通預金口座に入金された取引であることがわかります。

なお、当社負担の振込手数料500円が差し引かれた残額が入金されているため、振込手数料500円は**支払手数料 [費用]** で処理します。

4　8月25日の取引

出金金額欄に金額の記載があるので、**普通預金 [資産]** の減少です。内容欄に「給与振込」とあるので、給与支払いの取引であることがわかります。

給　料：760,000円＋40,000円＝800,000円

また、振込手数料1,000円は**支払手数料 [費用]** で処理します。

解答

1.

入　金　伝　票	
科　　　　目	金　　　額
土　　　　地	200,000

振　替　伝　票			
借　方　科　目	金　　　額	貸　方　科　目	金　　　額
［ウ　未　収　入　金］	（　　650,000）	［エ　土　　　　　地］	（　　600,000）
		［オ　固定資産売却益］	（　　 50,000）

2.

入　金　伝　票	
科　　　　目	金　　　額
売　　掛　　金	100,000

振　替　伝　票			
借　方　科　目	金　　　額	貸　方　科　目	金　　　額
［イ　売　　掛　　金］	（　　500,000）	［ウ　売　　　　　上］	（　　500,000）

解説

　取引から伝票を起票する問題です。

　一部現金取引については、取引を分解する方法と、2つの取引があったと仮定する方法の2つの起票方法があります。

　したがって、各取引について、両方の方法によった場合の仕訳を考え、答案用紙に記入済みの金額または勘定科目から、いずれの方法によって起票するかを決定します。

1　土地の売却

(1)　取引の仕訳

（現　　　　　金）	200,000	（土　　　　　地）	800,000
（未　収　入　金）	650,000	（固定資産売却益）	50,000

122

(2) **取引を分解する方法**

入金伝票：（現　　　　　金）　200,000　（土　　　　　地）　200,000

振替伝票：（未　収　入　金）　650,000　（土　　　　　地）　600,000
　　　　　　　　　　　　　　　　　　　　（固定資産売却益）　　50,000

(3) **2つの取引があったと仮定する方法**

売却代金について、いったん全額（850,000円）を**未収入金〔資産〕**で処理し、そのうち200,000円をただちに現金で回収したと仮定すると、各伝票の記入は次のようになります。

振替伝票：（未　収　入　金）　850,000　（土　　　　　地）　800,000
　　　　　　　　　　　　　　　　　　　　（固定資産売却益）　　50,000

入金伝票：（現　　　　　金）　200,000　（未　収　入　金）　200,000

(4) **解答**

答案用紙の入金伝票の勘定科目と金額が「取引を分解する方法」と一致するので、こちらの方法で各伝票に記入します。

2 商品の売上

(1) **取引の仕訳**

（現　　　　　金）　100,000　（売　　　　　上）　500,000
（売　　掛　　金）　400,000

(2) **取引を分解する方法**

入金伝票：（現　　　　　金）　100,000　（売　　　　　上）　100,000

振替伝票：（売　　掛　　金）　400,000　（売　　　　　上）　400,000

(3)　**２つの取引があったと仮定する方法**

　　商品の売上について、いったん全額（500,000円）を掛けで売り上げ、売掛金の
　うち100,000円をただちに現金で回収したと仮定すると、各伝票の記入は次のよ
　うになります。

振替伝票：　（売　　掛　　金）　　500,000　　（売　　　　　上）　　500,000

入金伝票：　（現　　　　金）　　100,000　　（売　　掛　　金）　　100,000

(4)　**解答**

　　答案用紙の入金伝票の勘定科目と金額が「２つの取引があったと仮定する方
　法」と一致するので、こちらの方法で各伝票に記入します。

伝票 — Ⅱ

解答

	借　　　方		貸　　　方	
	記　　　号	金　　額	記　　　号	金　　額
問1	（ア）現　　　　金	50,000	（オ）売　　　　上	400,000
	（イ）売　掛　金	350,000		
問2	（カ）仕　　　　入	255,000	（ア）現　　　　金	5,000
			（ウ）支　払　手　形	100,000
			（エ）買　掛　金	150,000

解説

伝票から取引を推定する問題です。

各伝票の仕訳をしたあと、取引の仕訳を考えます。

問1 商品の売上

(1) **各伝票に記入された取引**

入金伝票：（現　　　金）50,000 ~~（売　　掛　　金）~~ ~~50,000~~

＋

振替伝票：（売　掛　金）~~400,000~~ （売　　　　上）400,000
350,000

(2) **取引（解答）の仕訳**

（現　　　金）50,000 （売　　　　上）400,000
（売　掛　金）350,000

(1) **各伝票に記入された取引**

出金伝票：	(仕	入)	5,000	(現		金)	5,000

＋

振替伝票：	(仕	入)	250,000	(支 払 手 形)				100,000
				(買	掛	金)		150,000

(2) **取引（解答）の仕訳**

↓

(仕	入)	255,000	(現		金)		5,000
			(支 払 手 形)				100,000
			(買	掛	金)		150,000

解答

(1)

仕 訳 日 計 表

×1年11月1日

借　　　方	勘　定　科　目	貸　　　方
50,000	現　　　　　　金	25,000
70,000	売　　掛　　金	
	買　　掛　　金	45,000
	売　　　　　　上	100,000
	受　取　手　数　料	20,000
70,000	仕　　　　　　入	
190,000		190,000

(2)　出金伝票№202と振替伝票№302に記録された取引で仕入れた商品の金額

¥（　　　60,000　）

解説

伝票と仕訳日計表に関する問題です。

1　伝票の仕訳

伝票に記載された取引の仕訳を示すと、次のとおりです。

(1)　**入金伝票の仕訳**

入金伝票には借方が「現金」となる取引が記載されます。

№101	（現　　　　金）	20,000	（受　取　手　数　料）	20,000
№102	（現　　　　金）	30,000	（売　　　　上）	30,000

(2)　**出金伝票の仕訳**

出金伝票には貸方が「現金」となる取引が記載されます。

№201	（仕　　　　入）	10,000	（現　　　　金）	10,000
№202	（仕　　　　入）	15,000	（現　　　　金）	15,000

(3) **振替伝票の仕訳**

振替伝票には現金取引以外の取引が記載されます。

No.301	（売	掛	金）	70,000	（売		上）	70,000
No.302	（仕		入）	45,000	（買	掛	金）	45,000

2 仕訳日計表の作成

■1の仕訳の金額を集計して仕訳日計表に記入します。

3 出金伝票№.202と振替伝票№.302に記録された取引で仕入れた商品の金額

出金伝票№.202と振替伝票№.302の仕訳より、仕入の金額を計算します。

No.202	（仕		入）	15,000	（現		金）	15,000
No.302	（仕		入）	45,000	（買	掛	金）	45,000

仕入の金額：15,000円＋45,000円＝60,000円

解答

①	②	③	④	⑤
イ　減　　少	ウ　手形貸付金	ウ　補助記入帳	イ　振　　替	イ　残　　高

⑥	⑦	⑧
イ　総勘定元帳	エ　貸倒引当金の設定	オ　商品売買契約の締結

解説

文章穴埋めの問題です。

1　売上原価の増減

「商品の期首棚卸高と当期仕入高が一定である」という前提のもとに、期末商品棚卸高の増減が及ぼす影響を考えます。

売上原価とは、一会計期間に販売した商品の原価をいい、次の式で表されます。

売上原価＝期首商品棚卸高＋当期商品仕入高ー期末商品棚卸高

以上より、商品の期首棚卸高と当期仕入高を一定と仮定した場合、期末商品が大きくなると売上原価は**減少**することになります。

2　手形貸付金

資金の貸付けのさいに約束手形を受け取った場合は**手形貸付金［資産］**で処理します。

（手 形 貸 付 金）　×××　（現 金 な ど）　×××

3　入金取引と出金取引の帳簿記入

補助簿は特定の取引の明細を記録する補助記入帳と、特定の勘定について項目別に記録する補助元帳に分けられます。ここで、現金出納帳は入金と出金に関する取引の明細を記録する補助簿であるため**補助記入帳**に該当します。

4 **三伝票制**

三伝票制を採用している場合、一般的に使用する伝票は**入金伝票**、**出金伝票**、**振替伝票**の3種類です。

5 **試算表**

試算表には、合計試算表、残高試算表、合計残高試算表の3種類があり、このうち、総勘定元帳の各勘定残高のみを記入した試算表は**残高試算表**です。

6 **補助簿ではない帳簿**

仕訳帳と総勘定元帳は**主要簿**（必ず作成しなければならない帳簿）です。

7 **決算でのみ行うもの**

減価償却費の計上は、固定資産を期中で売却したときにも行うことがあります。

残高試算表は決算時だけでなく、月次で作成することもあります。

再振替仕訳は一般的に期首に行います。

貸倒引当金の設定は決算時に行います。

伝票は仕訳帳の代わりに用いられ、日々の取引を記録します。

8 **簿記上の取引ではないもの**

簿記では、企業の資産や負債、資本（純資産）が増減する取引のみ記録します。

契約を締結しただけでは、企業の資産や負債、資本（純資産）は増減しないので、契約の締結は簿記上の取引に該当しません。

第**3**問対策―**❶**／4問 　　　　　　　　**精算表の作成**

解答

精　算　表

勘定科目	試算表 借方	試算表 貸方	修正記入 借方	修正記入 貸方	損益計算書 借方	損益計算書 貸方	貸借対照表 借方	貸借対照表 貸方
現　金	24,300		700				25,000	
当 座 預 金	52,000		5,000				57,000	
受 取 手 形	36,000						36,000	
売 掛 金	44,000			5,000			39,000	
繰 越 商 品	81,000		82,000	81,000			82,000	
貸 付 金	20,000						20,000	
建　物	60,000						60,000	
備　品	50,000						50,000	
支 払 手 形		22,000						22,000
買 掛 金		35,200						35,200
仮 受 金		2,400	2,400					
借 入 金		50,000						50,000
貸 倒 引 当 金		700		800				1,500
建物減価償却累計額		21,600		1,800				23,400
備品減価償却累計額		20,000		10,000				30,000
資 本 金		100,000						100,000
繰越利益剰余金		80,000						80,000
売 上		667,700				667,700		
受 取 利 息		700		300		1,000		
仕 入	490,300		81,000	82,000	489,300			
給 料	72,000				72,000			
通 信 費	1,800			300	1,500			
支 払 家 賃	44,000		4,000		48,000			
保 険 料	24,000			6,000	18,000			
支 払 利 息	900			600	300			
	1,000,300	1,000,300						
雑 （ 益 ）				400		400		
前 受 金				2,400				2,400
貸倒引当金繰入			800		800			
（ 貯 蔵 品 ）			300				300	
減 価 償 却 費			11,800		11,800			
（未 払）家 賃				4,000				4,000
（前 払）保険料			6,000				6,000	
（前 払）利 息			600				600	
当 期 純 （利 益）					27,400			27,400
			194,600	194,600	669,100	669,100	375,900	375,900

精算表（標準型）の問題です。

決算整理仕訳を示すと次のとおりです。

1 現金過不足の処理

　現金の実際有高が700円超過しているので、**現金[資産]** を700円増加させます。また、原因が判明した300円については**受取利息[収益]** で処理し、原因不明の400円は**雑益[収益]** で処理します。

（現 　　　　金）	700	（受 取 利 息）	300
		（雑 　　　益）	400

勘 定 科 目	試 算 表 借 方	試 算 表 貸 方	修 正 記 入 借 方	修 正 記 入 貸 方	損 益 計 算 書 借 方	損 益 計 算 書 貸 方	貸 借 対 照 表 借 方	貸 借 対 照 表 貸 方
現 　　　　金	24,300		700				25,000	
受 取 利 息		700		300		1,000		
雑 　（ 益 ）				400		400		

> 現 　　金[資産]　24,300円（借方）＋700円（借方）＝25,000円（借方）

> 受 取 利 息[収益]　700円（貸方）＋300円（貸方）＝1,000円（貸方）

> 雑 　　益[収益]　400円（貸方）

2 仮受金の処理

　仮受金2,400円は商品代金の手付金として受け取ったものなので、**前受金[負債]** に振り替えます。

（仮 　受 　金）	2,400	（前 　受 　金）	2,400

勘 定 科 目	試 算 表 借 方	試 算 表 貸 方	修 正 記 入 借 方	修 正 記 入 貸 方	損 益 計 算 書 借 方	損 益 計 算 書 貸 方	貸 借 対 照 表 借 方	貸 借 対 照 表 貸 方
仮 　受 　金		2,400	2,400					
前 　受 　金				2,400				2,400

> 仮 　受 　金[負債]　2,400円（貸方）－2,400円（借方）＝ 0 円

> 前 　受 　金[負債]　2,400円（貸方）

3 訂正仕訳（売掛金の回収）

売掛金を回収したとき、誤った仕訳をしているので、正しい仕訳になるよう訂正仕訳をします。

❶誤った仕訳：（売　掛　金）　　2,500　（当 座 預 金）　　2,500

❷❶の逆仕訳：（当 座 預 金）　　2,500　（売　掛　金）　　2,500

$+$

❸正しい仕訳：（当 座 預 金）　　2,500　（売　掛　金）　　2,500

❹訂正仕訳（❷＋❸）：（当 座 預 金）　　5,000　（売　掛　金）　　5,000

勘 定 科 目	試　算　表		修 正 記 入		損益計算書		貸借対照表	
	借　方	貸　方	借　方	貸　方	借　方	貸　方	借　方	貸　方
当 座 預 金	52,000		5,000				57,000	
売　掛　金	44,000			5,000			39,000	

当 座 預 金［資産］　52,000円（借方）＋5,000円（借方）＝57,000円（借方）

売　掛　金［資産］　44,000円（借方）－5,000円（貸方）＝39,000円（借方）

4 貸倒引当金の設定

受取手形および売掛金の期末残高に対して貸倒引当金を設定します。

貸倒引当金繰入：（36,000円＋44,000円－5,000円）× 2 ％－700円＝800円
❸訂正仕訳

（貸倒引当金繰入）　　800　（貸 倒 引 当 金）　　800

勘 定 科 目	試　算　表		修 正 記 入		損益計算書		貸借対照表	
	借　方	貸　方	借　方	貸　方	借　方	貸　方	借　方	貸　方
貸 倒 引 当 金		700		800				1,500
貸倒引当金繰入			800		800			

貸倒引当金［貸方］　700円（貸方）＋800円（貸方）＝1,500円（貸方）

貸倒引当金繰入［費用］　800円（借方）

5

売上原価の算定

仕入勘定で売上原価を算定するため、期首商品棚卸高（試算表欄の「繰越商品」）を**繰越商品**［**資産**］から**仕入**［**費用**］に振り替え、期末商品棚卸高を**仕入**［**費用**］から**繰越商品**［**資産**］に振り替えます。

（仕 　　　　　 入）	81,000	（繰 越 商 品）	81,000
（繰 越 商 品）	82,000	（仕 　　　　　 入）	82,000

勘 定 科 目	試 算 表		修 正 記 入		損益計算書		貸借対照表	
	借 方	貸 方	借 方	貸 方	借 方	貸 方	借 方	貸 方
繰 越 商 品	81,000		82,000	81,000			82,000	
仕 　　　　入	490,300		81,000	82,000	489,300			

繰 越 商 品［**資産**］　81,000円（借方）＋82,000円（借方）－81,000円（貸方）
　　　　　　　　　＝82,000円（借方）

仕 　　　　入［**費用**］　490,300円（借方）＋81,000円（借方）－82,000円（貸方）
　　　　　　　　　＝489,300円（借方）

6

貯蔵品への振り替え

郵便切手の未使用分を**通信費**［**費用**］から**貯蔵品**［**資産**］に振り替えます。

（貯 　 蔵 　 品）	300	（通 　 信 　 費）	300

勘 定 科 目	試 算 表		修 正 記 入		損益計算書		貸借対照表	
	借 方	貸 方	借 方	貸 方	借 方	貸 方	借 方	貸 方
通 信 費	1,800			300	1,500			
（貯 蔵 品）			300				300	

通 信 費［**費用**］　1,800円（借方）－300円（貸方）＝1,500円（借方）

貯 蔵 品［**資産**］　300円（借方）

固定資産の減価償却

建物と備品について、定額法により減価償却をします。

　減価償却費：建物：60,000円×0.9÷30年＝　1,800円
　　　　　　　備品：50,000円÷ 5 年　　＝10,000円
　　　　　　　　　　　　　　　　　　　　　11,800円

（減 価 償 却 費）	11,800	（建物減価償却累計額）	1,800
		（備品減価償却累計額）	10,000

勘 定 科 目	試 算 表 借 方	試 算 表 貸 方	修 正 記 入 借 方	修 正 記 入 貸 方	損益計算書 借 方	損益計算書 貸 方	貸借対照表 借 方	貸借対照表 貸 方
建物減価償却累計額		21,600		1,800				23,400
備品減価償却累計額		20,000		10,000				30,000
減 価 償 却 費			11,800		11,800			

建物減価償却累計額［貸方］	21,600円（貸方）＋1,800円（貸方）＝23,400円（貸方）
備品減価償却累計額［貸方］	20,000円（貸方）＋10,000円（貸方）＝30,000円（貸方）
減価償却費［費用］	11,800円（借方）

8 支払家賃の未払計上

支払家賃44,000円は11か月分なので、44,000円を11か月で割って1か月分の家賃を求め、これを当期の費用として未払計上します。

未払家賃：$44,000円 \times \dfrac{1か月}{11か月} = 4,000円$

（支 払 家 賃）	4,000	（未 払 家 賃）	4,000

勘 定 科 目	試 算 表 借 方	試 算 表 貸 方	修 正 記 入 借 方	修 正 記 入 貸 方	損益計算書 借 方	損益計算書 貸 方	貸借対照表 借 方	貸借対照表 貸 方
支 払 家 賃	44,000		4,000		48,000			
（未 払）家 賃				4,000				4,000

支 払 家 賃［費用］	44,000円（借方）＋4,000円（借方）＝48,000円（借方）
未 払 家 賃［負債］	4,000円（貸方）

9 保険料の前払計上

保険料24,000円のうち、当期分は9か月分なので、残りの3か月分を次期の費用として前払計上します。

前払保険料：$24,000円 \times \dfrac{3か月}{12か月} = 6,000円$

（前 払 保 険 料）	6,000	（保 険 料）	6,000

勘定科目	試　算　表		修正記入		損益計算書		貸借対照表	
	借　方	貸　方	借　方	貸　方	借　方	貸　方	借　方	貸　方
保　　険　　料	24,000			6,000	18,000			
（前　払）保険料			6,000				6,000	

保　険　料 ［費用］　24,000円（借方）－6,000円（貸方）＝18,000円（借方）

前払保険料 ［資産］　6,000円（借方）

10 支払利息の前払計上

借入時（12月 1 日）に 1 年分の利息を前払いしているので、×5年 4 月 1 日から11月30日までの 8 か月分を次期の費用として前払計上します。

前払利息：$50,000円 \times 1.8\% \times \dfrac{8\,か月}{12\,か月} = 600円$

（前　払　利　息）　　　600　（支　払　利　息）　　　600

勘定科目	試　算　表		修正記入		損益計算書		貸借対照表	
	借　方	貸　方	借　方	貸　方	借　方	貸　方	借　方	貸　方
支　払　利　息	900			600	300			
（前　払）利　息			600				600	

支　払　利　息 ［費用］　900円（借方）－600円（貸方）＝300円（借方）

前　払　利　息 ［資産］　600円（借方）

11 当期純損益の計算

損益計算書欄の貸借差額で当期純利益（または当期純損失）を計算します。なお、当期純利益（または当期純損失）は、貸借対照表欄の貸借差額で計算した金額と一致します。

オンライン 簿記 講座

簿記をとるなら **TAC**

3級スッキリパック

\\ とにかく費用を抑えてコスパよく学習したい方にオススメ //

全国書店売上 No.1 の書籍「スッキリ」シリーズで学習するコースです。ストーリー仕立てでスラスラ読めるので初学者でも安心! 最低限のサポートと費用でコスパよく合格したい方にオススメです。

NEW

短期間で効率よく学習!

「スッキリ」パック

8時間

| テキストなし | **3,600円** (税込10%) |
| テキストあり | **5,500円** (税込10%) |

STEP 1 オンライン講義

基礎講義 **8時間**

スッキリわかる 日商簿記3級 テキスト&問題集

王塚 克幸 講師

STEP 2 本試験対策

ネット模試 **6回**

＋

仕訳トレーニング

仕訳 猛特訓 日商簿記検定

学習サポート

質問5回

＋

オンライン学習相談

＋

自習室利用

3級みん欲し！パック

試験対策までバランス良く学習したい方にオススメ

人気書籍「みんなが欲しかった！」シリーズで学習するコースです。豊富なイラストと図解で、"読む"より"視覚からインプット"！ ネット模試11回が付いてしっかり試験対策できます。

迷っている人にオススメ！

「みん欲し！」パック

21時間

| テキストなし | **6,300円** (税込10%) |
| テキストあり | **9,800円** (税込10%) |

STEP 1 オンライン講義

基礎講義16時間

可児友子講師

演習5時間

STEP 2 本試験対策

予想問題

添削付き

ネット模試

11回

仕訳トレーニング

学習サポート

質問10回

オンライン学習相談

自習室利用

3級合格本科生（Web通信講座）

＼ 万全の試験対策で確実に合格したい方にオススメ ／

このコースだけで簿記3級対策は万全です。全10回の充実した講義と試験攻略のための「解法テクニック講義」、ネット模試までのフルパッケージ！上位級や税理士、公認会計士などの難関資格を目指す方へオススメです。

会計のプロフェッショナルを目指す！

3級合格本科生 Web通信講座

37時間

| テキストなし | **14,000**円 （税込10%） |
| テキストあり | **18,000**円 （税込10%） |

STEP 1 オンライン講義

基礎講義**32**時間 ＋ 演習**5**時間

苫米地 静 講師

STEP 2 本試験対策

予想問題 添削付き TEST **3回** ＋ ネット模試 **11回** ＋ 仕訳トレーニング

学習サポート

質問20回 ＋ オンライン学習相談 ＋ 自習室利用

解答

損 益 計 算 書

×2年4月1日から×3年3月31日まで　　　　　（単位：円）

売 上 原 価	（ 642,000）	売 上 高		（ 900,000）
給 料	（ 63,000）	受 取 利 息		（ 3,000）
支 払 家 賃	（ 42,000）	（償却債権取立益）		（ 10,000）
保 険 料	（ 38,000）			
貸倒引当金繰入	（ 2,000）			
（減 価 償 却 費）	（ 77,500）			
支 払 利 息	（ 7,000）			
固定資産（売却損）	（ 7,500）			
法 人 税 等	（ 12,000）			
当 期 純 利 益	（ 22,000）			
	（ 913,000）			（ 913,000）

貸 借 対 照 表

×3年3月31日　　　　　　　　（単位：円）

現 金		（ 64,000）	買 掛 金		（ 102,100）
当 座 預 金		（ 258,000）	借 入 金		（ 150,000）
売 掛 金	（ 120,000）		（未 払）費 用		（ 2,000）
貸 倒 引 当 金	（ 2,400）	（ 117,600）	未 払 消 費 税		（ 25,000）
商 品		（ 52,000）	未 払 法 人 税 等		（ 12,000）
（未 収）収 益		（ 1,500）	資 本 金		（ 300,000）
（前 払）費 用		（ 30,000）	繰越利益剰余金		（ 112,000）
貸 付 金		（ 100,000）			
備 品	（ 200,000）				
減価償却累計額	（ 120,000）	（ 80,000）			
		（ 703,100）			（ 703,100）

財務諸表を作成する問題です。

1 償却済み債権の回収

前期までに貸倒れ処理した売掛金を回収したときは、回収額を**償却債権取立益 [収益]** で処理します。

（現　　　　金）	10,000	（償却債権取立益）	10,000

損益計算書　償却債権取立益：10,000円

貸借対照表　現金：54,000円＋10,000円＝64,000円

2 仮受金の処理

車両を売却したときに次の仕訳をしています。

（当座預金など）	135,000	（仮　受　金）	135,000

また、車両の売却の仕訳は次のとおりです（減価償却費は×2年4月1日から×3年1月31日までの10か月分を計上します）。

減価償却費：270,000円 ÷ 6年 × $\dfrac{10か月}{12か月}$ ＝ 37,500円

（当座預金など）	135,000	（車両運搬具）	270,000
（車両運搬具減価償却累計額）	90,000		
（減価償却費）	37,500		
（固定資産売却損）	7,500		

以上より、仮受金の内容が判明したときの仕訳は次のようになります。

（仮　受　金）	135,000	（車両運搬具）	270,000
（車両運搬具減価償却累計額）	90,000		
（減価償却費）	37,500		
（固定資産売却損）	7,500		

損益計算書　固定資産売却損：7,500円

3 貸倒引当金の設定

売掛金の期末残高に対して貸倒引当金を設定します。

貸倒引当金繰入：120,000円× 2 ％－400円＝2,000円

（貸倒引当金繰入）	2,000	（貸 倒 引 当 金）	2,000

損益計算書	貸倒引当金繰入：2,000円
貸借対照表	貸倒引当金：120,000円× 2 ％＝2,400円

4 売上原価の算定

仕入勘定で売上原価を算定するため、期首商品棚卸高（試算表の「繰越商品」）を**繰越商品〔資産〕**から**仕入〔費用〕**に振り替え、期末商品棚卸高を**仕入〔費用〕**から**繰越商品〔資産〕**に振り替えます。

（仕 入）	44,000	（繰 越 商 品）	44,000
（繰 越 商 品）	52,000	（仕 入）	52,000

損益計算書	売上原価（仕入）：650,000円＋44,000円－52,000円＝642,000円
貸借対照表	商品（期末商品棚卸高）：52,000円

5 固定資産の減価償却

備品について、定額法により減価償却をします。

減価償却費：200,000円÷ 5 年＝40,000円

（減 価 償 却 費）	40,000	（備品減価償却累計額）	40,000

損益計算書	減価償却費：37,500円＋40,000円＝77,500円
	❷売却した車両の減価償却費
貸借対照表	減価償却累計額：80,000円＋40,000円＝120,000円

6 **消費税の処理**

　仮払消費税 ［資産］と**仮受消費税** ［負債］を相殺し、差額は**未払消費税** ［負債］で処理します。

（仮受消費税）	90,000	（仮払消費税）	65,000
		（未払消費税）	25,000

　貸借対照表　　未払消費税：25,000円

7 **受取利息の未収計上**

受取利息の未収額を計上します。

（未 収 利 息）	1,500	（受 取 利 息）	1,500

　損益計算書　　受取利息：1,500円 + 1,500円 = 3,000円
　貸借対照表　　未収収益＊：1,500円

　　　＊　貸借対照表では、「未収利息」は通常、「未収収益」として表示します。

8 **支払利息の未払計上**

×2年12月1日から×3年3月31日までの4か月分の利息を未払計上します。

　未払利息：$150,000円 × 4\% × \dfrac{4か月}{12か月} = 2,000円$

（支 払 利 息）	2,000	（未 払 利 息）	2,000

　損益計算書　　支払利息：5,000円 + 2,000円 = 7,000円
　貸借対照表　　未払費用＊：2,000円

　　　＊　貸借対照表では、「未払利息」は通常、「未払費用」として表示します。

9 支払家賃の前払計上

家賃のうち45,000円は、×3年2月1日から向こう6か月分を前払いしているので、×3年4月1日から7月31日までの4か月分を前払計上します。

前払家賃：$45,000円 \times \dfrac{4か月}{6か月} = 30,000円$

（ 前　払　家　賃 ）	30,000	（ 支　払　家　賃 ）	30,000

損益計算書	支払家賃：72,000円 − 30,000円 ＝ 42,000円
貸借対照表	前払費用＊：30,000円

＊　貸借対照表では、「前払家賃」は通常、「前払費用」として表示します。

10 法人税等の計上

（ 法　人　税　等 ）	12,000	（ 未払法人税等 ）	12,000

損益計算書	法人税等：12,000円
貸借対照表	未払法人税等：12,000円

11 当期純利益の計算

損益計算書の貸借差額で当期純利益（または当期純損失）を計算します。

なお、貸借対照表の繰越利益剰余金の金額は決算整理前残高試算表の金額に、損益計算書で算定した当期純利益を足して計算します。

貸借対照表	繰越利益剰余金： 90,000円 ＋22,000円 ＝ 112,000円

決算整理前残高試算表　損益計算書
繰越利益剰余金　　　当期純利益

解答

損　益　計　算　書
×6年4月1日から×7年3月31日まで　　（単位：円）

費　　用	金　　額	収　　益	金　　額
売　上　原　価	（　　　705,000）	売　　上　　高	（　　　924,500）
給　　　　料	（　　　109,000）	受 取 手 数 料	（　　　　　800）
保　険　料	（　　　24,000）		
通　信　費	（　　　4,300）		
水 道 光 熱 費	（　　　17,000）		
法 定 福 利 費	（　　　18,000）		
貸倒引当金繰入	（　　　1,400）		
減 価 償 却 費	（　　　33,000）		
（雑　　　　損）	（　　　1,000）		
支　払　利　息	（　　　　600）		
法人税,住民税及び事業税	（　　　3,600）		
当 期 純（利益）	（　　　8,400）		
	（　　　925,300）		（　　　925,300）

貸　借　対　照　表
×7年3月31日　　　　　　　　　（単位：円）

資　　産	金　　額	負債・純資産	金　　額
現　金　預　金	（342,540）	支　払　手　形	（　35,000）
受　取　手　形	（ 60,000）	買　　掛　　金	（　22,300）
貸 倒 引 当 金（ 1,800）	（ 58,200）	借　　入　　金	（144,000）
売　　掛　　金	（ 28,000）	未　払　費　用	（　3,000）
貸 倒 引 当 金（　840）	（ 27,160）	未 払 法 人 税 等	（　2,400）
商　　　　品	（ 64,000）	資　　本　　金	（380,000）
貯　　蔵　　品	（　200）	繰越利益剰余金	（　68,400）
前　払　費　用	（ 14,000）		
建　　　　物	（200,000）		
減価償却累計額（ 99,000）	（101,000）		
備　　　　品	（120,000）		
減価償却累計額（ 72,000）	（ 48,000）		
	（655,100）		（655,100）

解説

財務諸表を作成する問題です。

決算整理仕訳を示すと次のとおりです。

1 仮受金の処理

仮受金4,000円は売掛金を回収したものなので、**売掛金 [資産]** に振り替えます。

(仮 受 金)	4,000	(売 掛 金)	4,000

貸借対照表 　売掛金：32,000円 − 4,000円 = 28,000円

2 現金過不足の処理

現金の実際有高 (74,540円) が帳簿残高 (80,540円) よりも6,000円少ないので、**現金 [資産]** を6,000円減少させます。また、原因が判明した5,000円については**水道光熱費 [費用]** で処理し、原因不明の1,000円は**雑損 [費用]** で処理します。

(水 道 光 熱 費)	5,000	(現 金)	6,000
(雑 損)	1,000		

損益計算書 　水道光熱費：12,000円 + 5,000円 = 17,000円
　　　　　　　雑損：1,000円

3 当座借越の振り替え

問題文の指示にしたがって、当座預金勘定の貸方残高を**借入金 [負債]** に振り替えます。

(当 座 預 金)	84,000	(借 入 金)	84,000

貸借対照表 　現金預金：現　　金；80,540円 − 6,000円 = 　74,540円
　　　　　　　　　　　　当座預金；△84,000円 + 84,000円 = 　　　0円
　　　　　　　　　　　　普通預金；　　　　　　　　　　　268,000円
　　　　　　　　　　　　合　　計；　　　　　　　　　　　342,540円
　　　　　　　借入金：60,000円 + 84,000円 = 144,000円

受取手形および売掛金の期末残高に対して貸倒引当金を設定します。なお、**1**で売掛金4,000円が回収されているので、これを控除することを忘れないようにしてください。

貸倒引当金繰入：$(60,000円 + 32,000円 - 4,000円) \times 3\% - 1,240円 = 1,400円$
受取手形　　売掛金　　**1**回収分

| （貸倒引当金繰入） | 1,400 | （貸　倒　引　当　金） | 1,400 |

損益計算書	貸倒引当金繰入：1,400円
貸借対照表	貸倒引当金（受取手形）：$60,000円 \times 3\% = 1,800円$
	（売　掛　金）：$(32,000円 - 4,000円) \times 3\% = 840円$

5 売上原価の算定

仕入勘定で売上原価を算定するため、期首商品棚卸高（試算表の「繰越商品」）を**繰越商品 [資産]** から**仕入 [費用]** に振り替え、期末商品棚卸高を**仕入 [費用]** から**繰越商品 [資産]** に振り替えます。

| （仕　　　　　入） | 69,000 | （繰　越　商　品） | 69,000 |
| （繰　越　商　品） | 64,000 | （仕　　　　　入） | 64,000 |

| 損益計算書 | 売上原価（仕入）：$700,000円 + 69,000円 - 64,000円 = 705,000円$ |
| 貸借対照表 | 商品（期末商品棚卸高）：64,000円 |

6 固定資産の減価償却

建物と備品について、定額法により減価償却をします。

減価償却費：建物；$200,000円 \times 0.9 \div 20年 =$　9,000円

備品；$120,000円 \div 5年 =$　24,000円

合計；　33,000円

| （減　価　償　却　費） | 33,000 | （建物減価償却累計額） | 9,000 |
| | | （備品減価償却累計額） | 24,000 |

| 損益計算書 | 減価償却費：33,000円 |

144

貸借対照表	建物減価償却累計額：90,000円＋ 9,000円＝99,000円
	備品減価償却累計額：48,000円＋24,000円＝72,000円

7 貯蔵品への振り替え

通信費として計上した郵便切手のうち、未使用分を**通信費**［費用］から**貯蔵品**［資産］に振り替えます。

（貯　蔵　品）	200	（通　信　費）	200

損益計算書	通信費：4,500円－200円＝4,300円
貸借対照表	貯蔵品：200円

8 保険料の前払計上

「保険料は毎年同額を11月1日に1年分、前払いしている」ということは、前期（×5年）の11月1日にも1年分を支払っています。したがって、前期の決算において、×6年4月1日から10月31日までの7か月分を前払処理しており、さらに当期首において再振替仕訳がされています。そして、当期（×6年）の11月1日にも1年分を支払っているため、試算表の38,000円は前期に前払処理した7か月分と、当期に支払った1年分の合計19か月分ということになります。

このうち、×7年4月1日から10月31日までの7か月分は次期分なので、次期の費用として前払処理します。

① 前期末の仕訳（保険料の前払計上）

（前 払 保 険 料）	7か月分	（保　　険　　料）	7か月分

② 当期首の仕訳（再振替仕訳）

（保　　険　　料）	7か月分	（前 払 保 険 料）	7か月分

③ 期中の仕訳（保険料の支払い）

（保　　険　　料）	12か月分	（現 金 な ど）	12か月分

試算表の金額

④ 当期末の仕訳（保険料の前払計上）

（前 払 保 険 料）	7か月分	（保　　険　　料）	7か月分

$$前払保険料：38,000円 \times \frac{7か月}{19か月} = 14,000円$$

（前 払 保 険 料） 14,000 （保 険 料） 14,000

損益計算書	保険料：38,000円 － 14,000円 ＝ 24,000円
貸借対照表	前払費用*：14,000円

* 貸借対照表では、「前払保険料」は通常、「前払費用」として表示します。

9 法定福利費の未払計上

（法 定 福 利 費） 3,000 （未払法定福利費） 3,000

損益計算書	法定福利費：15,000円 ＋ 3,000円 ＝ 18,000円
貸借対照表	未払費用*：3,000円

* 貸借対照表では、「未払法定福利費」は通常、「未払費用」として表示します。

10 法人税等の計上

（法人税、住民税及び事業税）	3,600	（仮 払 法 人 税 等）	1,200
		（未 払 法 人 税 等）	2,400

損益計算書	法人税、住民税及び事業税：3,600円
貸借対照表	未払法人税等：2,400円

11 当期純損益の計算

損益計算書の貸借差額で当期純利益（または当期純損失）を計算します。

なお、貸借対照表の繰越利益剰余金の金額は、決算整理前残高試算表の金額に、損益計算書で算定した当期純利益を足して計算します。

貸借対照表　繰越利益剰余金：　60,000円　＋8,400円＝68,400円

決算整理前残高試算表　損益計算書
繰越利益剰余金　　当期純利益

解答

決算整理後残高試算表
×6年3月31日

借　　方	勘　定　科　目	貸　　方
68,680	現　　　　　　金	
44,000	受　取　手　形	
56,000	売　　掛　　金	
10,900	繰　越　商　品	
800	（貯　蔵　品）	
80,000	貸　　付　　金	
600	（未　収）利　息	
3,200	（前　払）保険料	
450,000	建　　　　　　物	
360,000	備　　　　　　品	
	支　払　手　形	31,000
	買　　掛　　金	32,180
	前　　受　　金	9,000
	未　　払　　金	111,800
	借　　入　　金	5,000
	（前　受）家　賃	2,000
	貸　倒　引　当　金	2,000
	建物減価償却累計額	121,500
	備品減価償却累計額	122,000
	資　　本　　金	450,000
	繰越利益剰余金	47,000
	売　　　　　上	808,000
	受　取　家　賃	12,000
	受　取　利　息	1,800
525,300	仕　　　　　入	
85,000	給　　　　　料	
5,000	旅　費　交　通　費	
4,000	租　税　公　課	
4,800	保　　険　　料	
1,500	貸倒引当金繰入	
55,500	減　価　償　却　費	
1,755,280		1,755,280

148

解説

決算整理後残高試算表（後T/B）の問題です。
決算整理仕訳を示すと次のとおりです。

1 仮受金の処理

仮受金7,000円のうち、4,000円は売掛金を回収したものなので、**売掛金 [資産]** に振り替え、3,000円は商品の注文を受けたさいに手付金を受け取ったものなので、**前受金 [負債]** に振り替えます。

(仮　受　金)	7,000	(売　掛　金)	4,000
		(前　受　金)	3,000

後T/B　売掛金：60,000円 − 4,000円 = 56,000円
　　　　前受金：6,000円 + 3,000円 = 9,000円

2 仮払金の処理

仮払金10,000円は備品購入時の頭金であり、すでに備品の引き渡しを受けていることから、**備品 [資産]** に振り替えます。なお、残額110,000円は翌月に支払うため、**未払金 [負債]** で処理します。

(備　　　品)	120,000	(仮　払　金)	10,000
		(未　払　金)	110,000

後T/B　備品：240,000円 + 120,000円 = 360,000円
　　　　未払金：1,800円 + 110,000円 = 111,800円

3 当座借越の振り替え

問題文の指示にしたがって、当座預金勘定の貸方残高を**借入金 [負債]** に振り替えます。

(当　座　預　金)	5,000	(借　入　金)	5,000

4 売上原価の算定

仕入勘定で売上原価を算定するため、期首商品棚卸高（決算整理前残高試算表の「繰越商品」）を**繰越商品 [資産]** から**仕入 [費用]** に振り替え、期末商品棚卸高を**仕入 [費**

用］から**繰越商品**［資産］に振り替えます。

| （仕 入） | 9,200 | （繰 越 商 品） | 9,200 |
| （繰 越 商 品） | 10,900 | （仕 入） | 10,900 |

後T/B　仕入：527,000円 + 9,200円 − 10,900円 = 525,300円

5 貯蔵品への振り替え

収入印紙の未使用分を**租税公課**［費用］から**貯蔵品**［資産］に振り替えます。

| （貯 蔵 品） | 800 | （租 税 公 課） | 800 |

後T/B　租税公課：4,800円 − 800円 = 4,000円

6 貸倒引当金の設定

受取手形および売掛金の期末残高に対して貸倒引当金を設定します。なお、**1**で売掛金4,000円が回収されているので、これを控除することを忘れないようにしてください。

貸倒引当金繰入：（44,000円 + 60,000円 − 4,000円）× 2％ − 500円 = 1,500円
　　　　　　　　受取手形　　売掛金　**1**回収分

| （貸 倒 引 当 金 繰 入） | 1,500 | （貸 倒 引 当 金） | 1,500 |

後T/B　貸倒引当金：500円 + 1,500円 = 2,000円

7 固定資産の減価償却

建物と備品について、定額法により減価償却をします。なお、当期に取得した備品（**2**の備品）の減価償却費は、取得日（3月1日）から決算日（3月31日）までの1か月分を月割りで計上します。

減価償却費：建　　物：450,000円 × 0.9 ÷ 30年　　　　　　 = 13,500円

備品（旧）：240,000円 ÷ 6年　　　　　　 = 40,000円

備品（新）：120,000円 ÷ 5年 × $\dfrac{1か月}{12か月}$ = 2,000円 ｝42,000円

合　　計：　　　　　　　　　　　　　　　　　　 55,500円

（減 価 償 却 費）	55,500	（建物減価償却累計額）	13,500
		（備品減価償却累計額）	42,000

後T/B　建物減価償却累計額：108,000円＋13,500円＝121,500円

　　　　備品減価償却累計額：80,000円＋42,000円＝122,000円

8 受取利息の未収計上

当期の12月31日までの利息は計上されているので、1月1日から3月31日までの3か月分の利息を未収計上します。

未収利息：80,000円× 3 ％× $\dfrac{3 \text{か月}}{12 \text{か月}}$ ＝600円

（未 収 利 息）	600	（受 取 利 息）	600

後T/B　受取利息：1,200円＋600円＝1,800円

9 保険料の前払計上

「保険料は毎年12月 1 日に向こう 1 年分を支払っている」ということは、前期（×4年）の12月 1 日にも 1 年分を支払っています。したがって、前期の決算において、×5年 4 月 1 日から×5年11月30日までの 8 か月分を前払計上しており、さらに当期首において再振替仕訳をしています。そして、当期（×5年）の12月 1 日にも 1 年分を支払うため、決算整理前残高試算表の8,000円は前期から前払計上された 8 か月分と、当期に支払った 1 年分の合計20か月分ということになります。

このうち、×6年 4 月 1 日から11月30日までの 8 か月分は次期分なので、次期の費用として前払計上します。

① 前期末の仕訳（保険料の前払い）

（前 払 保 険 料）	8 か月分	（保　　険　　料）	8 か月分

② 当期首の仕訳（再振替仕訳）

(保　険　料)　8か月分　(前払保険料)　8か月分

③ 期中の仕訳（保険料の支払い）

(保　険　料)　12か月分　(現金など)　12か月分

決算整理前
残高試算表
の金額

④ 当期末の仕訳（保険料の前払い）

(前払保険料)　8か月分　(保　険　料)　8か月分

前払保険料：8,000円 × $\dfrac{8か月}{20か月}$ = 3,200円

(前払保険料)　3,200　(保　険　料)　3,200

後T/B　保険料：8,000円 − 3,200円 = 4,800円

10　受取家賃の前受処理

「家賃は奇数月の月末に向こう2か月分として¥2,000を受け取っている」とあるので、当期の3月31日に次期の4月分と5月分の合計2,000円を受け取っていることがわかります。したがって次期分を前受処理します。

(受　取　家　賃)　2,000　(前　受　家　賃)　2,000

後T/B　受取家賃：14,000円 − 2,000円 = 12,000円

第1問 （45点）

解答

	借　　方		貸　　方	
	記　　号	金　額	記　　号	金　額
1	(ウ)通　信　費	8,500	(ア)当 座 預 金	18,470
	(エ)旅 費 交 通 費	6,200		
	(オ)消 耗 品 費	3,150		
	(カ)雑　　　費	620		
2	(カ)繰越利益剰余金	550,000	(ウ)未 払 配 当 金	500,000
			(オ)利 益 準 備 金	50,000
3	(カ)電子記録債権	300,000	(ウ)売　掛　金	300,000
4	(エ)受 取 商 品 券	20,000	(オ)売　　　上	25,000
	(ア)現　　　金	5,000		
5	(カ)仕　　　入	400,000	(ウ)前　払　金	40,000
			(オ)買　掛　金	360,000
6	(エ)通　信　費	2,000	(ア)現　　　金	22,000
	(カ)租 税 公 課	20,000		
7	(カ)手 形 借 入 金	500,000	(ア)当 座 預 金	500,000
8	(ウ)差 入 保 証 金	200,000	(ア)現　　　金	400,000
	(エ)支 払 家 賃	100,000		
	(オ)支 払 手 数 料	100,000		
9	(ア)未 収 入 金	40,000	(イ)備　　　品	300,000
	(カ)備品減価償却累計額	200,000		
	(ウ)減 価 償 却 費	15,000		
	(オ)固定資産売却損	45,000		
10	(ウ)広 告 宣 伝 費	4,000	(イ)現 金 過 不 足	3,000
			(エ)受 取 手 数 料	600
			(カ)雑　　　益	400
11	(エ)所 得 税 預 り 金	120,000	(イ)普 通 預 金	120,000
12	(ウ)未 払 利 息	5,000	(エ)支 払 利 息	5,000

模擬試験

第1回

	借	方		貸	方	
	記　　号	金　額		記　　号	金　額	
13	(ウ)買　　掛　　金	600,000	(エ)電子記録債務		600,000	
14	(イ)仮　　受　　金	95,000	(カ)売　　掛　　金		100,000	
	(オ)支 払 手 数 料	5,000				
15	(カ)旅 費 交 通 費	17,400	(イ)仮　　払　　金		20,000	
	(ア)現　　　　　金	2,600				

仕訳1つにつき各3点、
合計45点

解説

1 小口現金の処理

会計係は小口現金係から支払報告を受け、仕訳をします。本問では、支払報告と同時に小切手を振り出して資金を補給しているので、報告時と補給時の仕訳を同時に行います。

報告時の仕訳：（通　信　費）　8,500　（小 口 現 金）　18,470
　　　　　　　（旅費交通費）　6,200
　　　　　　　（消 耗 品 費）　3,150
　　　　　　　（雑　　　費）　　620

＋

補給時の仕訳：（小 口 現 金）　18,470　（当 座 預 金）　18,470

↓

解答の仕訳：（通　信　費）　8,500　（当 座 預 金）　18,470
　　　　　　（旅費交通費）　6,200
　　　　　　（消 耗 品 費）　3,150
　　　　　　（雑　　　費）　　620

2 剰余金の配当

株主配当金は、株主総会において配当金額が決まっただけ（支払いは後日）なので、**未払配当金 [負債]** で処理します。また、利益準備金の積立額は、**利益準備金 [資本]** で処理します。

3 電子記録債権の発生

電子記録債権が発生したときは、**電子記録債権 [資産]** で処理します。

4 商品券の処理

商品を売り上げ、共通商品券を受け取ったときは、**受取商品券 [資産]** で処理します。

5 手付金の処理

商品の注文にあたって、手付金を支払ったときは、手付金の額だけ**前払金 [資産]** で処理します。そのため、商品を仕入れたときには**前払金 [資産]** の減少で処理します。

6 通信費と租税公課の処理

使用した分の郵便切手代は**通信費 [費用]**、収入印紙代は**租税公課 [費用]** で処理します。

7 手形借入金の処理

資金を借り入れるにあたって、手形を振り出したときは、**手形借入金 [負債]** で処理します。本問では借入金を返済しているので**手形借入金 [負債]** の減少で処理します。

8 差入保証金、支払家賃、支払手数料の処理

不動産の賃貸借契約を結ぶときに差し入れた敷金は、**差入保証金 [資産]** で処理します。また、家賃は**支払家賃 [費用]**、不動産会社に支払った仲介手数料は**支払手数料 [費用]** で処理します。

差入保証金（敷金）：100,000円 × 2 か月 = 200,000円

9 備品の売却

備品を売却したときは、**備品 [資産]** と**備品減価償却累計額**を減少させます。また、期首から売却日までの**減価償却費 [費用]** を月割りで計上し、売却価額（40,000円）と帳簿価額との差額（仕訳の貸借差額）を**固定資産売却益 [収益]** または**固定資産売却損 [費用]** で処理します。

減価償却費：$300,000円 \div 5 \, 年 \times \dfrac{3 \, か月}{12 \, か月} = 15,000円$

10 現金過不足の処理

現金過不足の原因が判明したときは、現金過不足を適当な勘定科目に振り替えます。本問では借方に現金過不足が生じていたので、貸方に**現金過不足**を記入します。なお、決算日まで原因が判明しなかった現金過不足については**雑損**［費用］または**雑益**［収益］に振り替えます。

11 源泉所得税の納付

給料の支払時に給料の額から天引きした源泉所得税は**所得税預り金**［負債］で処理しているので、これを納付したときは、**所得税預り金**［負債］の減少で処理します。

12 再振替仕訳

決算日に利息の未払計上をしたときは、翌期首において逆仕訳をしてもとの勘定に振り戻します（再振替仕訳）。

決算で行った仕訳： （支 払 利 息）　　5,000　　（未 払 利 息）　　5,000

再 振 替 仕 訳： （未 払 利 息）　　5,000　　（支 払 利 息）　　5,000

13 電子記録債務の発生

買掛金の決済として、電子記録債務の発生記録をしたときは、**電子記録債務**［負債］で処理します。

14 仮受金の判明

仮受金の内容が判明したときは、計上している**仮受金**［負債］を適切な勘定科目に振り替えます。なお、手数料の支払いについては**支払手数料**［費用］で処理します。

15 証ひょうの読み取り

従業員に旅費の概算額を渡したときに、**仮払金**［資産］で処理しているので、従業員が帰社して旅費の額が確定したら、**仮払金**［資産］から**旅費交通費**［費用］に振り替えます。なお、領収書が「有」のものは、旅費交通費支払報告書と領収書の金額を二重に計算しないように気をつけましょう。

解答

(1)

支 払 利 息

(6 /30)	[カ 当 座 預 金]	⟨ 12,000 ⟩	(4 / 1)	[ウ 未 払 利 息]	⟨ 6,000 ⟩
(12/31)	[カ 当 座 預 金]	⟨ 36,000 ⟩	(3 /31)	[ア 損　　益]	⟨ 60,000 ⟩
(3 /31)	[ウ 未 払 利 息]	⟨ 18,000 ⟩	(　)	[　]	⟨ 　 ⟩
		⟨ 66,000 ⟩			⟨ 66,000 ⟩

未 払 利 息

(4 / 1)	[イ 支 払 利 息]	⟨ 6,000 ⟩	(4 / 1)	[エ 前 期 繰 越]	⟨ 6,000 ⟩
(3 /31)	[オ 次 期 繰 越]	⟨ 18,000 ⟩	(3 /31)	[イ 支 払 利 息]	⟨ 18,000 ⟩
		⟨ 24,000 ⟩			⟨ 24,000 ⟩

(2)

補助簿　＼　取引	1	2	3	4
ア.現 金 出 納 帳	ア	㋐	ア	ア
イ.当 座 預 金 出 納 帳	㋑	イ	イ	イ
ウ.仕　入　帳	ウ	ウ	ウ	㋒
エ.売　上　帳	エ	エ	㋓	エ
オ.商 品 有 高 帳	オ	オ	㋔	㋔
カ.売 掛 金 元 帳	カ	カ	㋕	カ
キ.買 掛 金 元 帳	㋖	キ	キ	㋖
ク.受 取 手 形 記 入 帳	ク	ク	㋗	ク
ケ.支 払 手 形 記 入 帳	ケ	ケ	ケ	ケ
コ.固 定 資 産 台 帳	コ	㋙	コ	コ

(1)は　　　1つにつき各2点、
(2)は各問につき2点、
合計20点

模擬試験

第1回

(1) 勘定記入

　利息の計上に関する勘定記入の問題です。当期は×4年4月1日から×5年3月31日までなので、この期間の取引を勘定に記入します。

　タイムテーブルを書いて資料を整理すると、次のとおりです。

　各取引日の記入事項と仕訳を示すと、次のとおりです。

×3年7月1日 前期：借入時の仕訳

　借入時の仕訳です。

| （当　座　預　金） | 1,000,000 | （借　　入　　金） | 1,000,000 |

×3年12月31日 前期：利払時の仕訳

　半年分（×3年7月1日から12月31日まで）の利息の支払時の仕訳です。

| （支　払　利　息） | 12,000* | （当　座　預　金） | 12,000 |

$\quad$ *　$1,000,000円 \times 2.4\% \times \dfrac{6か月}{12か月} = 12,000円$

×4年3月31日 前期：決算時の仕訳

　×4年1月1日から3月31日までの3か月分の利息を未払利息として計上します。

| （支　払　利　息） | 6,000 | （未　払　利　息） | 6,000* |

$\quad$ *　$1,000,000円 \times 2.4\% \times \dfrac{3か月}{12か月} = 6,000円$

　この「未払利息6,000円」は翌期（本問では当期）に繰り越されるので、未払利息勘定に「**前期繰越**」として記入します。

X4年4月1日　当期：期首の仕訳

当期の期首において、前期末に行った未払利息の計上につき、再振替仕訳を行います。

| （未　払　利　息） | 6,000 | （支　払　利　息） | 6,000 |

X4年6月30日　当期：利払時、返済時の仕訳

半年分の利息を支払った仕訳と、借入金を返済したときの仕訳をします（本問では利息に関する勘定記入のみなので、借入金の返済時の仕訳はしなくてもかまいません）。

| （支　払　利　息） | 12,000* | （当　座　預　金） | 12,000 |

$\quad *\quad 1,000,000円 \times 2.4\% \times \dfrac{6\,か月}{12\,か月} = 12,000円$

| （借　　入　　金） | 1,000,000 | （当　座　預　金） | 1,000,000 |

X4年7月1日　当期：借入時の仕訳

新たな借入れの仕訳をします（本問では利息に関する勘定記入のみなので、借入時の仕訳はしなくてもかまいません）。

| （当　座　預　金） | 2,000,000 | （借　　入　　金） | 2,000,000 |

X4年12月31日　当期：利払時の仕訳

半年分の利息を支払った仕訳をします。

| （支　払　利　息） | 36,000* | （当　座　預　金） | 36,000 |

$\quad *\quad 2,000,000円 \times 3.6\% \times \dfrac{6\,か月}{12\,か月} = 36,000円$

X5年3月31日　当期：決算時の仕訳

×5年1月1日から3月31日までの3か月分の利息を未払利息として計上します。

| （支　払　利　息） | 18,000 | （未　払　利　息） | 18,000* |

$\quad *\quad 2,000,000円 \times 3.6\% \times \dfrac{3\,か月}{12\,か月} = 18,000円$

支払利息勘定の貸借差額を損益勘定に振り替えます。

| （損　　　　　益） | 60,000 | （支　払　利　息） | 60,000 |

最後に、未払利息勘定の次期繰越額（18,000円）を記入します。

以上を勘定に記入すると、解答のようになります。

⑵ 補助簿の選択

取引から記入される補助簿を選択する問題です。

各取引の仕訳を示すと、次のとおりです。

1．買掛金の支払い

（買　　掛　　金）　300,000　（当　座　預　金）　300,000
　　→買掛金元帳　　　　　　　　　　　→当座預金出納帳

2．備品の購入

　　　　→固定資産台帳

（備　　　　　品）　253,000　（未　　払　　金）　250,000
　　　　　　　　　　　　　　　（現　　　　　金）　　 3,000
　　　　　　　　　　　　　　　　　→現金出納帳

3．商品の売上

　　→受取手形記入帳　　　　　　　→売上帳・商品有高帳

（受　取　手　形）　 50,000　（売　　　　　上）　 60,000
（売　　掛　　金）　 10,000
　　→売掛金元帳

4．仕入戻し

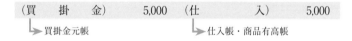

（買　　掛　　金）　　5,000　（仕　　　　　入）　　5,000
　　→買掛金元帳　　　　　　　　　　→仕入帳・商品有高帳

解答

損 益 計 算 書
×8年4月1日から×9年3月31日まで　　（単位：円）

費　　　用	金　　額	収　　　益	金　　額
売 上 原 価	（　　1,740,000）	売 上 高	（　　3,000,000）
給　　料	（　　205,000）	受 取 手 数 料	（　　8,000）
広 告 宣 伝 費	（　　85,000）	（固定資産売却益）	（　　40,000）
支 払 家 賃	（　　240,000）		
租 税 公 課	（　　60,000）		
貸倒引当金繰入	（　　8,000）		
減 価 償 却 費	（　　78,000）		
雑　　損	（　　1,000）		
支 払 利 息	（　　8,500）		
法 人 税 等	（　　192,000）		
当期純（利　益）	（　　430,500）		
	（　　3,048,000）		（　　3,048,000）

貸 借 対 照 表
×9年3月31日　　（単位：円）

資　　　産	金　　額	負債・純資産	金　　額
現 金 預 金	（1,301,300）	支 払 手 形	（180,000）
受 取 手 形 （230,000）		買 掛 金	（107,500）
貸倒引当金 （9,200）（220,800）		借 入 金	（250,000）
売 掛 金 （140,000）		（未 払）費 用	（2,500）
貸倒引当金 （5,600）（134,400）		未 払 消 費 税	（122,000）
商　　品	（635,000）	未 払 法 人 税 等	（132,000）
（貯 蔵 品）	（15,000）	資 本 金	（2,000,000）
（前 払）費 用	（100,000）	繰越利益剰余金	（930,500）
建　　物 （800,000）			
減価償却累計額 （468,000）（332,000）			
備　　品 （300,000）			
減価償却累計額 （114,000）（186,000）			
土　　地	（800,000）		
	（3,724,500）		（3,724,500）

■1つにつき各3点、
■1つにつき2点、合計35点

財務諸表を作成する問題です。

決算整理仕訳を示すと次のとおりです。

1 **現金過不足の処理**

現金の実際有高が6,000円不足しているので、**現金〔資産〕**を6,000円減少させます。また、原因が判明した5,000円については**広告宣伝費**〔**費用**〕で処理し、原因不明の1,000円は**雑損**〔**費用**〕で処理します。

（広 告 宣 伝 費）	5,000	（現 金）	6,000
（雑 損）	1,000		

損益計算書	広告宣伝費：80,000円＋5,000円＝85,000円
	雑 損：1,000円
貸借対照表	現 金 預 金：192,000円＋1,115,300円－6,000円＝1,301,300円

　　　　　　　　　　　　　　　　現金　　　　当座預金

2 **仮受金の処理**

仮受金240,000円は、土地（200,000円）を売却したときの代金なので、土地の売却時の仕訳をします。

（仮 受 金）	240,000	（土 地）	200,000
		（固定資産売却益）	40,000

貸借対照表	土地：1,000,000円－200,000円＝800,000円
損益計算書	固定資産売却益：40,000円

3 **貸倒引当金の設定**

受取手形および売掛金の期末残高に対して貸倒引当金を設定します。

貸倒引当金繰入：$\underset{\text{受取手形}}{(230,000円} + \underset{\text{売掛金}}{140,000円)} \times 4\% - 6,800円 = 8,000円$

| （貸倒引当金繰入） | 8,000 | （貸 倒 引 当 金） | 8,000 |

| 損益計算書 | 貸倒引当金繰入：8,000円 |

| 貸借対照表 | 貸倒引当金（受取手形）：230,000円 × 4 % = 9,200円 |
| | （売 掛 金）：140,000円 × 4 % = 5,600円 |

4 **売上原価の算定**

仕入勘定で売上原価を算定するため、期首商品棚卸高（試算表の「繰越商品」）を**繰越商品［資産］**から**仕入［費用］**に振り替え、期末商品棚卸高を**仕入［費用］**から**繰越商品［資産］**に振り替えます。

| （仕　　　　　　入） | 595,000 | （繰 越 商 品） | 595,000 |
| （繰 越 商 品） | 635,000 | （仕　　　　　　入） | 635,000 |

| 損益計算書 | 売上原価（仕入）：1,780,000円 + 595,000円 − 635,000円 = 1,740,000円 |

| 貸借対照表 | 商品（期末商品棚卸高）：635,000円 |

5 **固定資産の減価償却**

建物と備品について、定額法により減価償却をします。

なお、当期に取得した備品（120,000円）の減価償却費は、取得日（1月1日）から決算日（3月31日）までの3か月分を月割りで計上します。

減価償却費：建　　物；800,000円 × 0.9 ÷ 20年 = 36,000円

42,000円 $\begin{cases} 備品（旧）；(300,000円 - 120,000円) ÷ 5 年 = 36,000円 \\ 備品（新）；120,000円 ÷ 5 年 × \dfrac{3 か月}{12か月} = 6,000円 \end{cases}$

　　　　　合　　　計；36,000円 + 42,000円 = 78,000円

| （減 価 償 却 費） | 78,000 | （建物減価償却累計額） | 36,000 |
| | | （備品減価償却累計額） | 42,000 |

| 損益計算書 | 減価償却費：78,000円 |

| 貸借対照表 | （建物）減価償却累計額：432,000円＋36,000円＝468,000円 |
| | （備品）減価償却累計額：72,000円＋42,000円＝114,000円 |

6 貯蔵品勘定への振り替え

収入印紙は購入時に**租税公課**［**費用**］で処理しているので、決算において未使用分を**貯蔵品**［**資産**］に振り替えます。

| （貯　　蔵　　品） | 15,000 | （租　税　公　課） | 15,000 |

| 損益計算書 | 租税公課：75,000円－15,000円＝60,000円 |
| 貸借対照表 | 貯蔵品：15,000円 |

7 消費税の処理

仮払消費税［**資産**］と**仮受消費税**［**負債**］を相殺し、差額を**未払消費税**［**負債**］で処理します。

| （仮　受　消　費　税） | 300,000 | （仮　払　消　費　税） | 178,000 |
| | | （未　払　消　費　税） | 122,000 |

| 貸借対照表 | 未払消費税：122,000円 |

8 支払家賃の前払い

| （前　払　家　賃） | 100,000 | （支　払　家　賃） | 100,000 |

| 損益計算書 | 支払家賃：340,000円－100,000円＝240,000円 |
| 貸借対照表 | 前払費用：100,000円 |

164

9 支払利息の未払い

借入金のうち100,000円について、当期分の利息を計算し、**支払利息〔費用〕**を未払計上します。

なお、当期分の利息は×8年6月1日から×9年3月31日までの10か月分です。

未払利息：$100,000円 × 3\% × \dfrac{10か月}{12か月} = 2,500円$

（支　払　利　息）	2,500	（未　払　利　息）	2,500

損益計算書	支払利息：6,000円 + 2,500円 = 8,500円
貸借対照表	未払費用：2,500円

10 法人税等の計上

当期の法人税等192,000円を計上し、**仮払法人税等〔資産〕**との差額を**未払法人税等〔負債〕**で処理します。

（法　人　税　等）	192,000	（仮払法人税等）	60,000
		（未払法人税等）	132,000

損益計算書	法人税等：192,000円
貸借対照表	未払法人税等：132,000円

11 当期純損益の計算

損益計算書の貸借差額で当期純利益（または当期純損失）を計算します。なお、当期純利益（または当期純損失）は、貸借対照表の繰越利益剰余金に含めます。

貸借対照表	繰越利益剰余金：500,000円 + 430,500円 = 930,500円
	残高試算表　　　当期純利益

第1問 （45点）

解答

	借	方		貸	方	
	記　　号	金　額		記　　号	金　額	
1	（イ）売　掛　金	440,000	（オ）売　　上	400,000		
			（エ）仮 受 消 費 税	40,000		
2	（イ）仮 払 法 人 税 等	900,000	（ア）現　　金	900,000		
3	（ア）当 座 預 金	100,000	（オ）前　受　金	40,000		
			（カ）仮　受　金	60,000		
4	（ウ）修　繕　費	90,000	（カ）差 入 保 証 金	400,000		
	（イ）普 通 預 金	310,000				
5	（イ）従 業 員 立 替 金	50,000	（ア）当 座 預 金	50,000		
6	（イ）普 通 預 金	4,000,000	（エ）資　本　金	4,000,000		
7	（エ）損　　益	250,000	（ア）仕　　入	250,000		
8	（ウ）借　入　金	1,000,000	（ア）当 座 預 金	1,030,000		
	（オ）支 払 利 息	30,000				
9	（カ）仕　　入	101,000	（エ）買　掛　金	100,000		
			（ア）現　　金	1,000		
10	（イ）貸 倒 引 当 金	30,000	（ア）売　掛　金	50,000		
	（カ）貸 倒 損 失	20,000				
11	（ウ）広 告 宣 伝 費	80,000	（ア）普 通 預 金	80,300		
	（オ）支 払 手 数 料	300				
12	（オ）土　　地	100,000	（イ）当 座 預 金	100,000		
13	（イ）当 座 預 金	500,000	（ウ）普 通 預 金	500,000		
14	（カ）仕　　入	30,000	（エ）買　掛　金	30,000		
15	（イ）備　　品	610,000	（ウ）未　払　金	614,000		
	（オ）消 耗 品 費	4,000				

> 仕訳1つにつき各3点、
> 合計45点

166

1 **商品の売上げ、消費税の処理**

商品を売り上げたときに受け取った消費税額は、**仮受消費税** [**負債**] で処理します。

仮受消費税：400,000円×10% = 40,000円

2 **法人税等の中間納付**

法人税等（法人税、住民税、事業税）を中間申告・納付したときは、**仮払法人税等** [**資産**] で処理します。

仮払法人税等：500,000円 + 150,000円 + 250,000円 = 900,000円

なお、決算において当期の法人税等が確定したときは、**法人税、住民税及び事業税**を計上し、中間納付時に計上していた**仮払法人税等** [**資産**] と相殺します。そして、**法人税、住民税及び事業税**と**仮払法人税等**との差額は**未払法人税等** [**負債**] で処理します。

確定申告時：

(法人税,住民税及び事業税)	××	(仮 払 法 人 税 等)	900,000
		(未 払 法 人 税 等)	××

3 **手付金の処理、仮受金の処理**

商品の注文を受けたさいの手付金40,000円については、**前受金** [**負債**] で処理します。また、内容不明の入金については、その内容が明らかになるまで**仮受金** [**負債**] で処理しておきます。

4 **敷金の返還**

店舗の賃貸借契約時に差し入れた敷金は**差入保証金** [**資産**] で処理しているので、賃貸借契約が終了し、敷金の返還を受けたときは**差入保証金** [**資産**] の減少で処理します。

差入保証金：200,000円× 2 か月 = 400,000円

また、借主負担の修繕費用は**修繕費** [**費用**] で処理します。

従業員負担の生命保険料を会社が立替払いしたときは、**立替金 [資産]** で処理します。なお、本問では指定勘定科目に「従業員立替金」があるので、勘定科目は**従業員立替金 [資産]** を用います。

6 株式の発行

株式を発行したときは、払込金額を全額**資本金 [資本]** で処理します。

資本金：@50,000円×80株＝4,000,000円

7 費用勘定から損益勘定への振り替え

決算において、費用の勘定残高は損益勘定の借方に振り替えます（仕訳で借方が「損益」となるように振り替えます）。本問では売上原価を仕入勘定で算定しているので、仕入勘定から損益勘定に振り替えます。

8 借入金の返済

借入金を返済したときは、**借入金 [負債]** の減少で処理します。なお、支払利息は問題文の指示にしたがって、日割りで計算します。

支払利息：$1,000,000円 \times 7.3\% \times \dfrac{150日}{365日} = 30,000円$

9 商品の仕入れ、仕入諸掛りの処理

商品を仕入れたときにかかった引取運賃は、**仕入 [費用]** に含めて処理します。

10 貸倒れの処理

前期以前に発生した売掛金が貸し倒れたときは、設定している**貸倒引当金**を取り崩します。そして、貸倒引当金を超える金額については**貸倒損失 [費用]** で処理します。

11 広告料、振込手数料の処理

広告料は**広告宣伝費 [費用]** で、振込手数料は**支払手数料 [費用]** で処理します。

12 有形固定資産の付随費用

有形固定資産を購入し、使用できるまでにかかった金額はその有形固定資産の取得原価に含めて処理します。本問では、購入した土地の整地費用を支払っているので、整地費用100,000円を**土地[資産]**で処理します。

13 口座の開設

当座預金口座を開設して、普通預金口座から預け入れたため、**普通預金[資産]**を減少させ、**当座預金[資産]**を増加させます。

14 伝票の起票

取引から伝票を起票する問題です。一部現金取引については取引を分解する方法と、2つの取引があったと仮定する方法の2つの起票方法があります。

（1） **取引の仕訳**

（仕	入）	40,000	（現	金）	10,000
			（買 掛 金）		30,000

（2） **取引を分解する方法**

出金伝票：	（仕	入）	10,000	（現	金）	10,000

振替伝票：	（仕	入）	30,000	（買 掛 金）		30,000

（3） **2つの取引があったと仮定する方法**

この取引をいったん全額掛けで行ったとして、**買掛金[負債]**で処理し、そのうち10,000円をただちに現金で支払ったと仮定すると、各伝票の記入は次のようになります。

振替伝票：	（仕	入）	40,000	（買 掛 金）		40,000

出金伝票：	（買 掛 金）		10,000	（現	金）	10,000

（4） **解答**

問題文の出金伝票の勘定科目と金額が「取引を分解する方法」と一致するので、こちらの方法で起票したことがわかります。

デスクトップパソコンは**備品**［**資産**］で、プリンター用紙は**消耗品費**［**費用**］で処理します。また、設置費用（付随費用）は備品の取得原価に含めて処理します。

　備品：600,000円＋10,000円＝610,000円

第2問 （20点）

解答

(1)

問1

商 品 有 高 帳
（移動平均法）　　　　　　　商　品　　A

日付		摘 要	受 入			払 出			残 高		
			数量	単価	金額	数量	単価	金額	数量	単価	金額
6	1	前月繰越	20	410	8,200				20	410	8,200
	6	仕　入	30	400	12,000		↓		50	404	20,200
	10	売　上				40	404	16,160	10	404	4,040
	18	仕　入	70	420	29,400		↓		80	418	33,440
	22	売　上				45	418	18,810	35	418	14,630
	30	次月繰越				35	418	14,630			
			120	—	49,600	120	—	49,600			
7	1	前月繰越	35	418	14,630				35	418	14,630

問2　純　売　上　高：（¥　　56,600　）

　　　売　上　総　利　益：（¥　　21,630　）

(2)

①	②	③	④
ウ	エ	ア	ウ

(1)は　　　1つにつき2点、
(2)は各2点、
合計20点

(1) 商品有高帳の記入

商品有高帳に関する問題です。

各取引の仕訳を示すと、次のとおりです。

6月6日	(仕 入)	12,000*1	(買 掛 金)	12,000		

　*1　@400円×30個=12,000円

6月10日	(売 掛 金)	26,000	(売 上)	26,000*2

　*2　@650円×40個=26,000円

6月18日	(仕 入)	29,400*3	(買 掛 金)	29,400

　*3　@420円×70個=29,400円

6月22日	(売 掛 金)	30,600	(売 上)	30,600*4

　*4　@680円×45個=30,600円

問1 商品有高帳の作成

　移動平均法によって、商品有高帳を作成します。

(1)　6月6日の残高欄

　　　数量：20個＋30個＝50個

　　　金額：8,200円＋12,000円＝20,200円

　　　単価：20,200円÷50個＝@404円

(2)　6月10日の残高欄

　　　数量：50個－40個＝10個

　　　金額：20,200円－16,160円＝4,040円

　　　単価：@404円（6月6日の残高欄の単価）

(3)　6月18日の残高欄

　　　数量：10個＋70個＝80個

　　　金額：4,040円＋29,400円＝33,440円

　　　単価：33,440円÷80個＝@418円

(4) 6月22日の残高欄

数量：80個 − 45個 = 35個

金額：33,440円 − 18,810円 = 14,630円

問2　純売上高と売上総利益

商品Aの純売上高と売上総利益を計算します。

純 売 上 高：$\underset{\substack{6/10 \\ 売上}}{26,000円} + \underset{\substack{6/22 \\ 売上}}{30,600円} = 56,600円$

売 上 原 価：$\underset{\substack{6/10 \\ 払出欄}}{16,160円} + \underset{\substack{6/22 \\ 払出欄}}{18,810円} = 34,970円$

売上総利益：56,600円 − 34,970円 = 21,630円

(2)　文章の完成、理論問題

正しい文章になるように用語を選択したり、簿記の内容に関する理論的な問題です。

① 帳簿

商品有高帳や仕入帳など、取引の明細を記入する帳簿を**補助簿**といいます。なお、仕訳帳や総勘定元帳を**主要簿**といいます。

② 決算でしか行われないもの

ア…有形固定資産を期中に売却したとき、減価償却費を月割りで計上することがあります。そのため、減価償却費の計上は決算以外でも行います。

イ…残高試算表は決算時に作成するほか、月次で作成することもあります。

ウ…再振替仕訳は期首に行います。

エ…決算で計算した当期純利益または当期純損失は繰越利益剰余金勘定に振り替えます。したがって、当期純損益の繰越利益剰余金勘定への振り替えは決算でしか行われません。

オ…仕訳日計表は1日分の伝票に記載された内容をまとめた表です。したがって、1日ごとに作成するものです。

③ 商品有高帳に記入されないもの

　商品有高帳には、商品の移動（仕入、売上、返品）があったり、仕入単価が変動するときに記入します。

　付随費用（仕入諸掛り）は仕入原価に含めるため、付随費用の支払いは商品有高帳の単価欄と金額欄の記入に影響があります。

　売上代金の回収は、商品の移動も仕入単価の変動もないので、商品有高帳には記入しません。

④ 現金で処理しないもの

　紙幣・硬貨のほか、**他人振出小切手、普通為替証書、送金小切手**などは**現金**［**資産**］で処理します。自己振出小切手は**当座預金**［**資産**］で処理します。

解答

精 算 表

勘 定 科 目	試 算 表 借 方	試 算 表 貸 方	修 正 記 入 借 方	修 正 記 入 貸 方	損益計算書 借 方	損益計算書 貸 方	貸借対照表 借 方	貸借対照表 貸 方
現　　　　　金	38,200		2,400				40,600	
現 金 過 不 足	5,500			5,500				
当 座 預 金		40,000	40,000					
普 通 預 金	724,000						724,000	
受 取 手 形	215,000						215,000	
売 掛 金	345,000			20,000			325,000	
繰 越 商 品	215,200		294,000	215,200			294,000	
仮 払 金	16,000			16,000				
建 物	1,200,000						1,200,000	
備 品	600,000						600,000	
土 地	2,500,000						2,500,000	
支 払 手 形		170,000						170,000
買 掛 金		220,000						220,000
仮 受 金		32,000	32,000					
前 受 金		10,000		12,000				22,000
貸 倒 引 当 金		10,800		5,400				16,200
建物減価償却累計額		500,000		40,000				540,000
備品減価償却累計額		200,000		100,000				300,000
資 本 金		4,000,000						4,000,000
繰越利益剰余金		300,000						300,000
売 上		3,111,000				3,111,000		
受 取 地 代		264,000		30,000		294,000		
仕 入	1,830,000		215,200	294,000	1,751,200			
給 料	680,000				680,000			
通 信 費	49,500			6,400	43,100			
旅 費 交 通 費	84,800		13,600		98,400			
広 告 宣 伝 費	201,000		14,000		215,000			
保 険 料	153,600			51,200	102,400			
	8,857,800	8,857,800						
雑 （ 益 ）				8,500		8,500		
当 座 借 越				40,000				40,000
貸倒引当金繰入			5,400		5,400			
（貯 蔵 品）			6,400				6,400	
減 価 償 却 費			140,000		140,000			
（未 収）地 代			30,000				30,000	
（前 払）保険料			51,200				51,200	
当 期 純 （利 益）					378,000			378,000
			844,200	844,200	3,413,500	3,413,500	5,986,200	5,986,200

> ▨ 1つにつき5点、
> 合計35点

模擬試験

第2回

精算表の問題です。

決算整理仕訳を示すと次のとおりです。

1 **現金過不足の処理**

現金過不足のうち、原因が判明した14,000円については**広告宣伝費**［**費用**］に振り替え、原因不明分については**雑損**［**費用**］または**雑益**［**収益**］に振り替えます。

（広告宣伝費）	14,000	（現金過不足）	5,500
		（雑　　　益）	8,500*

　　＊　貸借差額

2 **仮払金の処理**

仮払金16,000円のうち、残金2,400円は**現金**［**資産**］に振り替え、残りの13,600円は**旅費交通費**［**費用**］に振り替えます。

（現　　　　金）	2,400	（仮　払　金）	16,000
（旅費交通費）	13,600		

3 **仮受金の処理**

仮受金32,000円のうち、20,000円は売掛金を回収したものなので、**売掛金**［**資産**］に振り替え、12,000円は商品注文時に手付金を受け取ったものなので、**前受金**［**負債**］に振り替えます。

（仮　受　金）	32,000	（売　掛　金）	20,000
		（前　受　金）	12,000

4 **当座借越の振り替え**

問題文の指示にしたがって、当座預金勘定の貸方残高を**当座借越**［**負債**］に振り替えます。

（当座預金）	40,000	（当座借越）	40,000

5　貸倒引当金の設定

受取手形および売掛金の期末残高に対して貸倒引当金を設定します。なお、**3**で売掛金20,000円が回収されているので、これを控除することを忘れないようにしてください。

貸倒引当金繰入：（215,000円＋345,000円－20,000円）× 3 ％－10,800円＝5,400円
　　　　　　　　　　受取手形　　売掛金　　**3**回収分

| （貸倒引当金繰入） | 5,400 | （貸 倒 引 当 金） | 5,400 |

6　売上原価の算定

仕入勘定で売上原価を算定するため、期首商品棚卸高（試算表欄の「繰越商品」）を**繰越商品［資産］**から**仕入［費用］**に振り替え、期末商品棚卸高を**仕入［費用］**から**繰越商品［資産］**に振り替えます。

| （仕　　　　　入） | 215,200 | （繰 越 商 品） | 215,200 |
| （繰 越 商 品） | 294,000 | （仕　　　　　入） | 294,000 |

7　貯蔵品への振り替え

郵便切手の未使用分を**通信費［費用］**から**貯蔵品［資産］**に振り替えます。

| （貯 蔵 品） | 6,400 | （通 信 費） | 6,400 |

8　固定資産の減価償却

建物と備品について、定額法により減価償却をします。

減価償却費：建物：1,200,000円÷30年＝　40,000円

　　　　　　備品：600,000円÷ 6 年　＝100,000円

　　　　　　合計：　　　　　　　　　　140,000円

| （減 価 償 却 費） | 140,000 | （建物減価償却累計額） | 40,000 |
| | | （備品減価償却累計額） | 100,000 |

9　受取地代の未収計上

当期の 3 月分の地代について、当期の収益として未収計上します。

| （未 収 地 代） | 30,000 | （受 取 地 代） | 30,000 |

10 保険料の前払計上

1年分の保険料153,600円のうち、×8年4月1日から×8年7月31日までの4か月分を次期の費用として前払処理します。

前払保険料：$153,600円 \times \dfrac{4か月}{12か月} = 51,200円$

（前 払 保 険 料）	51,200	（保　　険　　料）	51,200

11 当期純損益の計算

損益計算書欄の貸借差額で当期純利益（または当期純損失）を計算します。なお、当期純利益（または当期純損失）は、貸借対照表欄の貸借差額で計算した金額と一致します。

第1問 （45点）

解答

		借　　方		貸　　方	
	記　　号	金　額	記　　号	金　額	
1	(ウ)建　　　　　物	4,660,000	(オ)未　払　　金	4,280,000	
			(ア)現　　　　　金	380,000	
2	(エ)当座預金甲銀行	50,000	(ア)現　　　　　金	130,000	
	(オ)当座預金A銀行	80,000			
3	(ア)現　　　　　金	8,000	(ウ)仮　払　　金	70,000	
	(カ)旅 費 交 通 費	62,000			
4	(ア)現　　　　　金	18,000	(カ)現 金 過 不 足	18,000	
5	(オ)未 払 消 費 税	120,000	(イ)普　通　預　金	120,000	
6	(イ)仕　　　　　入	500,000	(エ)買　掛　　金	500,000	
7	(ウ)社会保険料預り金	50,000	(ア)普　通　預　金	100,000	
	(オ)法 定 福 利 費	50,000			
8	(エ)前　受　　金	50,000	(オ)売　　　　　上	200,000	
	(カ)売　掛　　金	150,000			
9	(イ)建　　　　　物	1,500,000	(ア)普　通　預　金	2,000,000	
	(カ)修　繕　　費	500,000			
10	(オ)通　信　　費	3,000	(イ)貯　蔵　　品	28,000	
	(エ)租 税 公 課	25,000			
11	(ウ)買　掛　　金	300,000	(イ)普　通　預　金	300,500	
	(オ)支 払 手 数 料	500			
12	(ウ)手 形 貸 付 金	400,000	(イ)受 取 利 息	10,000	
			(ア)普　通　預　金	390,000	
13	(カ)給　　　　　料	1,000,000	(エ)社会保険料預り金	60,000	
			(オ)所 得 税 預 り 金	50,000	
			(イ)普　通　預　金	890,000	
14	(ア)現　　　　　金	200,000	(カ)売　　　　　上	300,000	
	(ウ)受 取 手 形	100,000			

模擬試験

第3回

	借	方	貸	方
	記　　号	金　額	記　　号	金　額
15	（エ）未 払 法 人 税 等	320,000	（イ）普 通 預 金	320,000

仕訳1つにつき各3点、合計45点

解説

1　固定資産の購入

　固定資産を購入したときは、固定資産自体の購入価額だけでなく、登記料や仲介手数料等の固定資産の購入にかかった付随費用も購入原価に含めます。

　建物：4,280,000円＋100,000円＋280,000円＝4,660,000円

　なお、固定資産を購入したさいに生じた代金の未払額は**未払金〔負債〕**で処理します。

2　当座預金への預け入れ（口座ごとに勘定を設定している場合）

　当座預金口座へ現金を預け入れたときは、**現金〔資産〕**から**当座預金〔資産〕**へ振り替えます。なお、本問では口座ごとに勘定科目を指定しているため、甲銀行口座への預け入れは**当座預金甲銀行〔資産〕**の増加として、A銀行口座への預け入れは**当座預金A銀行〔資産〕**の増加として処理します。

3　仮払金の処理

　従業員が出張から戻り、旅費の金額が確定したときは、計上していた**仮払金〔資産〕**を減少させるとともに、確定した旅費の分だけ**旅費交通費〔費用〕**を計上します。

　旅費交通費：70,000円－8,000円＝62,000円

4　現金過不足の処理

　現金の実際有高のほうが帳簿残高よりも多いので、**現金〔資産〕**の増加として処理します。なお、相手科目は現金過不足で処理します。

5　未払消費税の納付

　消費税額を納付したときは、決算で計上した**未払消費税〔負債〕**の減少で処理します。

6 商品の仕入

中古車販売業を営んでいるため、中古車（販売用）は商品です。したがって、販売用の中古車を購入したときは、**仕入［費用］**で処理します。また商品の仕入れにかかる掛けなので貸方は**買掛金［負債］**で処理します。

7 健康保険料の納付

給料の支払時に給料の額から天引きした従業員負担分の健康保険料（社会保険料）は、**社会保険料預り金［負債］**で処理しているので、健康保険料を納付したときは、**社会保険料預り金**［負債］の減少で処理します。また、会社負担分は**法定福利費**［費用］で処理します。

8 商品の売上

注文時に受け取っていた手付金は、**前受金［負債］**で処理しているので、商品を引き渡したときには、**前受金**［負債］の減少で処理します。

9 建物の改良と修繕

建物の価値を高めるための資本的支出は**建物［資産］**で処理します。また、建物の本来の機能を維持するための収益的支出は**修繕費［費用］**で処理します。

10 再振替仕訳

前期末（前期の決算）で次の仕訳をしているため、当期の期首に逆仕訳をしてもとの勘定に振り戻します。

前期の決算:	（貯　蔵　品）	28,000	（通　信　費）	3,000
			（租　税　公　課）	25,000

11 買掛金の支払い

振込手数料は**支払手数料［費用］**で処理します。

12

手形貸付金の処理

　資金を貸し付け、約束手形を受け取ったときは**手形貸付金**［資産］で処理します。そのときに控除した利息分は**受取利息**［収益］で処理します。

　　　受取利息：$400,000円 \times 3.75\% \times \dfrac{8か月}{12か月} = 10,000円$

給料の支払い

　給料の支払時に給料の額から天引きした従業員負担分の社会保険料は、**社会保険料預り金**［負債］で、源泉所得税は**所得税預り金**［負債］で処理します。

商品の売上

　先方振出しの小切手は**現金**［資産］で、先方振出しの約束手形は**受取手形**［資産］で処理します。

証ひょうの読み取り

　科目欄に「法人税」とあり、「確定申告」に○がついているので、法人税の確定申告額を納付したものだとわかります。

　決算において、下記の仕訳をしているため、確定した法人税等を納付したときには、**未払法人税等**［負債］の減少で処理します。

決算時の仕訳：	（法人税, 住民税及び事業税）	××	（仮 払 法 人 税 等）	××
			（未 払 法 人 税 等）	320,000

182

解答

(1)

仮払法人税等

(11/30)（ア 普 通 預 金）（ 270,000)	(3/31)（ウ 法 人 税 等）（ 270,000)

未払法人税等

(5/29)（ア 普 通 預 金）（ 290,000)	(4/1)（イ 前 期 繰 越）（ 290,000)
(3/31)（ケ 次 期 繰 越）（ 345,000)	(3/31)（ウ 法 人 税 等）（ 345,000)
（ 635,000)	（ 635,000)

法 人 税 等

(3/31)（ク 諸 口）（ 615,000)	(3/31)（キ 損 益）（ 615,000)

損 益

3/31 仕 入	1,900,000	3/31 売 上	6,200,000
3/31 その他費用	2,250,000	（ ）（ ）	（ ）
(3/31)（ウ 法 人 税 等）（ 615,000)	（ ）（ ）	（ ）
(3/31)（カ 繰越利益剰余金）（ 1,435,000)	（ ）（ ）	（ ）
（ 6,200,000)		（ 6,200,000)

(2)

仕 訳 日 計 表
×1年11月1日

借 方	勘定科目	貸 方
25,000	現 金	12,000
30,000	売 掛 金	
	買 掛 金	12,000
	売 上	50,000
	受 取 地 代	5,000
22,000	仕 入	
2,000	支 払 手 数 料	
79,000		79,000

1つにつき各2点、合計20点

(1) 勘定記入

法人税等の処理に関する勘定記入の問題です。

資料の指示にしたがって、仕訳をすると次のようになります。

1 前期末（3/31）の仕訳

前期末の法人税等が540,000円、前期の中間納付額が250,000円なので、前期末における法人税等を計上する仕訳は次のようになります。

（法　人　税　等）	540,000	（仮払法人税等）	250,000
		（未払法人税等）	290,000

未払法人税等290,000円は、当期に繰り越されるので、未払法人税等勘定の貸方に当期首の日付（4/1）で、「前期繰越」として、290,000円を記入します。

2 未払法人税等の納付（5/29）の仕訳

前期末に計上した未払法人税等の納付の仕訳をします。

（未払法人税等）	290,000	（普　通　預　金）	290,000

3 中間納付時（11/30）の仕訳

法人税等の中間納付の仕訳をします。なお金額は、「前期の法人税等の半分」なので、270,000円（540,000円÷2）です。

（仮払法人税等）	270,000	（普　通　預　金）	270,000

4 決算時（3/31）の仕訳

決算において、当期の法人税等の額が確定したら、法人税等を計上します。本問では、損益勘定で当期の利益を計算し、それに30％を掛けて法人税等の金額を計算します。

当期の利益：6,200,000円 － （1,900,000円 ＋ 2,250,000円） ＝ 2,050,000円
　　　　　　　　売上　　　　　仕入　　　　その他費用

法 人 税 等：2,050,000円 × 30％ ＝ 615,000円

（法　人　税　等）	615,000	（仮払法人税等）	270,000
		（未払法人税等）	345,000

未払法人税等345,000円は、次期に繰り越されるので、未払法人税等勘定の借方に当期末の日付（3/31）で、「次期繰越」として、345,000円を記入します。

5 決算振替仕訳（3/31）

法人税等勘定の残高を**損益勘定**に振り替えます。

（損　　　　益）	615,000	（法 人 税 等）	615,000

最後に損益勘定の残高を**繰越利益剰余金勘定**に振り替えます。

（損　　　　益）	1,435,000	（繰越利益剰余金）	1,435,000

以上より、各勘定の空欄を埋めると、解答のようになります。

⑵　仕訳日計表の作成

各伝票に記入された取引の仕訳をして、集計します。

①　入金伝票の仕訳

No.101	（現　　　　金）	20,000	（売　　　　上）	20,000
No.102	（現　　　　金）	5,000	（受 取 地 代）	5,000

②　出金伝票の仕訳

No.201	（仕　　　　入）	10,000	（現　　　　金）	10,000
No.202	（支 払 手 数 料）	2,000	（現　　　　金）	2,000

③　振替伝票の仕訳

No.301	（売 掛 金）	30,000	（売　　　　上）	30,000
No.302	（仕　　　　入）	12,000	（買 掛 金）	12,000

模擬試験

第3回

第**3**問 （35点）

解答

決算整理後残高試算表
×9年3月31日

借　　方	勘　定　科　目	貸　　方
679,000	現　　　　　　金	
2,160,000	普　通　預　金	
980,000	売　　掛　　金	
180,000	繰　越　商　品	
140,000	（前　払）家　賃	
600,000	備　　　　　品	
	買　　掛　　金	800,000
	（未　払）消　費　税	329,000
	（未　払）法人税等	84,000
	（未　払）利　息	7,500
	借　　入　　金	1,080,000
	貸　倒　引　当　金	19,600
	備品減価償却累計額	200,000
	資　　本　　金	1,500,000
	繰越利益剰余金	500,000
	売　　　　上	9,890,000
	雑　（　益　）	6,000
6,660,000	仕　　　　入	
1,530,000	給　　　　料	
840,000	支　払　家　賃	
265,000	広　告　宣　伝　費	
128,000	水　道　光　熱　費	
7,600	貸倒引当金繰入	
100,000	減　価　償　却　費	
22,500	支　払　利　息	
124,000	法　人　税　等	
14,416,100		14,416,100

　1つにつき4点、
　1つにつき3点、
合計35点

186

決算整理後残高試算表（後T/B）の問題です。

決算整理仕訳を示すと次のとおりです。

1 現金過不足の処理

　現金の帳簿残高よりも実際有高のほうが多いので、差額を**雑益［収益］**として処理します。

　　雑益：679,000円 − 673,000円 = 6,000円

（現　　　金）	6,000	（雑　　　益）	6,000

後T/B　現　金：673,000円 + 6,000円 = 679,000円

後T/B　雑　益：6,000円

2 商品の売上

　未記帳となっている掛け売上を計上します。

（売　掛　金）	110,000	（売　　　　上）	100,000
		（仮 受 消 費 税）	10,000*

　　*　$110,000円 × \dfrac{0.1}{1.1} = 10,000円$

後T/B　売掛金：870,000円 + 110,000円 = 980,000円

後T/B　売　上：9,790,000円 + 100,000円 = 9,890,000円

3 当座借越の振り替え

　問題文の指示にしたがって、当座預金勘定の貸方残高を**借入金［負債］**に振り替えます。

（当 座 預 金）	80,000	（借　入　金）	80,000

後T/B　借入金：1,000,000円 + 80,000円 = 1,080,000円

4 貸倒引当金の設定

　売掛金の期末残高に対して貸倒引当金を設定します。なお、**2**で売掛金110,000円が計上されているので、これを加算することを忘れないようにしてください。

後T/B　貸倒引当金繰入：(870,000円 + 110,000円) × 2 % − 12,000円 = 7,600円

　　　　　　　　　　　　　　　 2掛け売上

| （貸倒引当金繰入） | 7,600 | （貸 倒 引 当 金） | 7,600 |

後T/B　貸倒引当金：12,000円＋7,600円＝19,600円

5 売上原価の算定

仕入勘定で売上原価を算定するため、期首商品棚卸高（試算表の「繰越商品」）を**繰越商品勘定**から**仕入勘定**に振り替え、期末商品棚卸高を**仕入勘定**から**繰越商品勘定**に振り替えます。

| （仕　　　　　入） | 240,000 | （繰 越 商 品） | 240,000 |
| （繰 越 商 品） | 180,000 | （仕　　　　　入） | 180,000 |

後T/B　仕　入：6,600,000円＋240,000円－180,000円＝6,660,000円

後T/B　繰越商品：180,000円

6 固定資産の減価償却

備品について、定額法により減価償却をします。

後T/B　減価償却費：600,000円÷6年＝100,000円

| （減 価 償 却 費） | 100,000 | （備品減価償却累計額） | 100,000 |

後T/B　備品減価償却累計額：100,000円＋100,000円＝200,000円

7 消費税の処理

仮払消費税［資産］と**仮受消費税**［負債］を相殺し、差額を**未払消費税**［負債］で処理します。

| （仮 受 消 費 税） | 989,000* | （仮 払 消 費 税） | 660,000 |
| | | （未 払 消 費 税） | 329,000 |

＊　979,000円＋10,000円＝989,000円
🔢2商品の売上

後T/B　未払消費税：329,000円

8 支払家賃の前払計上

「支払家賃は奇数月の月末に向こう2か月分として¥140,000を支払っている」とあるので、当期の3月31日に次期の4月分と5月分の合計140,000円を支払っていることがわかります。したがって、次期分を前払処理します。

（前 払 家 賃） 140,000 （支 払 家 賃） 140,000

後T/B 前払家賃：140,000円

後T/B 支払家賃：980,000円 − 140,000円 = 840,000円

9 支払利息の未払計上

当期の12月31日までの利息は計上済みなので、1月1日から3月31日までの3か月分の支払利息を未払計上します。

後T/B 未払利息：$1,000,000円 \times 3\% \times \dfrac{3か月}{12か月} = 7,500円$

（支 払 利 息） 7,500 （未 払 利 息） 7,500

後T/B 支払利息：15,000円 + 7,500円 = 22,500円

10 法人税等の計上

当期の法人税等124,000円を計上し、**仮払法人税等**［資産］との差額を**未払法人税等**［負債］で処理します。

| （法 人 税 等） | 124,000 | （仮 払 法 人 税 等） | 40,000 |
| | | （未 払 法 人 税 等） | 84,000 |

後T/B 法人税等：124,000円

後T/B 未払法人税等：84,000円

【著　者】

滝澤ななみ（たきざわ・ななみ）

簿記、ＦＰ、宅建士など多くの資格書を執筆している。主な著書は
『スッキリわかる日商簿記』１〜３級（15年連続全国チェーン売上第
１位※1）、『みんなが欲しかった！簿記の教科書・問題集』日商２・
３級、『みんなが欲しかった！ＦＰの教科書』２・３級（10年連続売
上第１位※2）、『みんなが欲しかった！ＦＰの問題集』２・３級など。

※1　紀伊國屋書店PubLine/三省堂書店/丸善ジュンク堂書店　2009年１月〜2023
　　年12月（各社調べ、50音順）
※2　紀伊國屋書店PubLine調べ　2014年１月〜2023年12月

〈ホームページ〉『滝澤ななみのすすめ！』
著者が運営する簿記、ＦＰ、宅建士に関する情報サイト。
ネット試験対応の練習問題も掲載しています。
URL：https://takizawananami-susume.jp

・装丁：Malpu Design

みんなが欲しかったシリーズ

みんなが欲しかった！
簿記の問題集　日商３級　商業簿記　第12版

2012年２月20日　初　版　第１刷発行
2024年２月26日　第12版　第１刷発行
2024年10月25日　　　　　第３刷発行

著　　者	滝　澤　な　な　み	
発　行　者	多　田　敏　男	
発　行　所	TAC株式会社　出版事業部	
	（TAC出版）	

〒101-8383
東京都千代田区神田三崎町3-2-18
電話　03（5276）9492（営業）
FAX　03（5276）9674
https://shuppan.tac-school.co.jp

組　　版	株式会社　グ　ラ　フ　ト
印　　刷	株式会社　ワ　　コ　　ー
製　　本	東　京　美　術　紙　工　協　業　組　合

© Nanami Takizawa 2024　　　Printed in Japan　　　ISBN 978-4-300-11009-6
N.D.C. 336

簿記検定講座のご案内

選べる学習メディアでご自身に合うスタイルでご受講ください!

通学講座

3級コース | 3・2級コース | 2級コース | 1級コース | 1級上級コース

 教室講座 通って学ぶ

定期的な日程で通学する学習スタイル。常に講師と接することができるという教室講座の最大のメリットがありますので、疑問点はその日のうちに解決できます。また、勉強仲間との情報交換も積極的に行えるのが特徴です。

ビデオブース講座 通って学ぶ 予約制

ご自身のスケジュールに合わせて、TACのビデオブースで学習するスタイル。日程を自由に設定できるため、忙しい社会人に人気の講座です。

直前期教室出席制度
直前期以降、教室受講に振り替えることができます。

無料体験入学
ご自身の目で、耳で体験し納得してご入学いただくために、無料体験入学をご用意しました。

無料講座説明会
もっとTACのことを知りたいという方は、無料講座説明会にご参加ください。

無 料
予約不要※

※ビデオブース講座の無料体験入学は要予約。
無料講座説明会は一部校舎では要予約。

通信講座

3級コース | 3・2級コース | 2級コース | 1級コース | 1級上級コース

 Web通信講座 スマホやタブレットにも対応 見て学ぶ

教室講座の生講義をブロードバンドを利用し動画で配信します。ご自身のペースに合わせて、24時間いつでも何度でも繰り返し受講することができます。また、講義動画はダウンロードして2週間視聴可能です。有効期間内は何度でもダウンロード可能です。
※Web通信講座の配信期間は、お申込コースの目標月の翌月末までです。

TAC WEB SCHOOL ホームページ
URL https://portal.tac-school.co.jp/ ※お申込み前に、左記のサイトにて必ず動作環境をご確認ください。

DVD通信講座 見て学ぶ

講義を収録したデジタル映像をご自宅にお届けします。講義の臨場感をクリアな画像でご自宅にて再現することができます。

※DVD-Rメディア対応のDVDプレーヤーでのみ受講が可能です。パソコンやゲーム機での動作保証はいたしておりません。

Webでも無料配信中! スマホ タブレット パソコン

「**TAC動画チャンネル**」

資料通信講座（1級のみ）

テキスト・添削問題を中心として学習します。

● **講座説明会** ※収録内容の変更のため、配信されない期間が生じる場合がございます。

● **1回目の講義（前半分）が視聴できます**

詳しくは、TACホームページ「TAC動画チャンネル」をクリック!

TAC動画チャンネル 簿記 | 検索

コースの詳細は、簿記検定講座パンフレット・TACホームページをご覧ください。

パンフレットのご請求・お問い合わせは、TACカスタマーセンターまで

通話無料 ゴウカク イイナ **0120-509-117**
※携帯電話からもご利用になれます。

受付時間 月～金 9:30～19:00
土・日・祝 9:30～18:00

TAC簿記検定講座ホームページ
TAC 簿記 | 検索

簿記検定講座

お手持ちの教材がそのまま使用可能!

【テキストなしコース】のご案内

TAC簿記検定講座のカリキュラムは市販の教材を使用しておりますので、こちらのテキストを使ってそのまま受講することができます。独学では分かりにくかった論点や本試験対策も、TAC講師の詳しい解説で理解度も120%UP! 本試験合格に必要なアウトプット力が身につきます。独学との差を体感してください。

左記の各メディアが
【テキストなしコース】で
お得に受講可能!

こんな人にオススメ!

● テキストにした書き込みをそのまま活かしたい!

● これ以上テキストを増やしたくない!

● とにかく受講料を安く抑えたい!

※お申込前に必ずお手持ちのバージョンをご確認ください。場合によっては最新のものに買い直していただくことがございます。詳細はお問い合わせください。

お手持ちの教材をフル活用!!

合格テキスト

合格トレーニング

会計業界への就職・転職支援サービス

TPB

TACの100%出資子会社であるTACプロフェッションバンク（TPB）は、会計・税務分野に特化した転職エージェントです。
勉強された知識とご希望に合ったお仕事を一緒に探しませんか? 相談だけでも大歓迎です! どうぞお気軽にご利用ください。

人材コンサルタントが無料でサポート

Step1 相談受付
完全予約制です。HPからご登録いただくか、各オフィスまでお電話ください。

Step2 面談
ご経験やご希望をお聞かせください。あなたの将来について一緒に考えましょう。

Step3 情報提供
ご希望に適うお仕事があれば、その場でご紹介します。強制はいたしませんのでご安心ください。

正社員で働く

- 安定した収入を得たい
- キャリアプランについて相談したい
- 面接日程や入社時期などの調整をしてほしい
- 今就職すべきか、勉強を優先すべきか迷っている
- 職場の雰囲気など、求人票でわからない情報がほしい

TACキャリアエージェント

https://tacnavi.com/

派遣で働く（関東のみ）

- 勉強を優先して働きたい
- 将来のために実務経験を積んでおきたい
- まずは色々な職場や職種を経験したい
- 家庭との両立を第一に考えたい
- 就業環境を確認してから正社員で働きたい

TACの経理・会計派遣

https://tacnavi.com/haken/

ご経験やご希望内容によってはご支援が難しい場合がございます。予めご了承ください。 ※面談時間は原則お一人様30分とさせていただきます。

自分のペースでじっくりチョイス

アルバイト・正社員で働く

- 自分の好きなタイミングで就職活動をしたい
- どんな求人案件があるのか見たい
- 企業からのスカウトを待ちたい
- WEB上で応募管理をしたい

Webで

TACキャリアナビ

https://tacnavi.com/kyujin/

就職・転職・派遣就労の強制は一切いたしません。会計業界への就職・転職を希望される方への無料支援サービスです。どうぞお気軽にお問い合わせください。

TACプロフェッションバンク

■ 有料職業紹介事業 許可番号13-ユ-010678
■ 一般労働者派遣事業 許可番号（派）13-010932
■ 特定募集情報等提供事業 届出受理番号51-募-000541

10860572

東京オフィス
101-0051
京都千代田区神田神保町1-103 東京パークタワー 2F
TEL.03-3518-6775

大阪オフィス
〒530-0013
大阪府大阪市北区茶屋町 6-20 吉田茶屋町ビル 5F
TEL.06-6371-5851

名古屋 登録会場
〒453-0014
愛知県名古屋市中村区則武 1-1-7 NEWNO 名古屋駅西 8F
TEL.0120-757-655

全国のTACテストセンターのご案内

現在、TACのテストセンターは以下の校舎に設置され、
受験環境が整った「受験に集中できる会場」が増えています。

- ●札幌校
- ●水道橋校★
- ●早稲田校★
- ●新宿校★
- ●渋谷校★
- ●池袋校
- ●八重洲校
- ●立川校
- ●中大駅前校
- ●町田校
- ●横浜校
- ●大宮校
- ●津田沼校
- ●名古屋校
- ●京都校
- ●なんば校
- ●神戸校
- ●広島校
- ●福岡校★

＊日商簿記試験の受験申込手続等につきましては、日本商工会議所の「商工会議所の検定試験」ページをご参照ください。
＊定員に達するなどといった事情により、希望校舎での受験ができない場合がございます。あらかじめご了承ください。
★の印がついている校舎では現在日商簿記試験は実施しておりません。

札幌校

大宮校
津田沼校
水道橋校
新宿校
早稲田校
池袋校
渋谷校
八重洲校
立川校
中大駅前校
町田校

京都校

横浜校
日吉校

広島校

福岡校

神戸校　名古屋校

なんば校

TACで受験可能なCBT試験の一部をご紹介

- ✛日商簿記（3級・2級）
- ✛経理・財務スキル検定（FASS）
- ✛財務報告実務検定
- ✛IPO実務検定
- ✛企業経営アドバイザー
- ✛経営学検定（マネジメント検定）＊一部
- ✛PRプランナー資格認定検定試験
- ✛マーケティング検定
- ✛第二種電気工事士
- ✛第三種電気三主任技術者試験
- ✛年金検定2級
- ✛相続検定2級　　など

各資格・検定の受講相談はお気軽に

●お電話でのご相談

0120-443-411（通話無料）

| 受付時間 | 月～金・土・日・祝 10:00～17:00 |

●インターネットでのご相談

https://www.tac-school.co.jp/soudan03.html

メールで相談　TAC　🔍

2024年1月現在

TAC出版 書籍のご案内

TAC出版では、資格の学校TAC各講座の定評ある執筆陣による資格試験の参考書をはじめ、資格取得者の開業法や仕事術、実務書、ビジネス書、一般書などを発行しています！

TAC出版の書籍

*一部書籍は、早稲田経営出版のブランドにて刊行しております。

資格・検定試験の受験対策書籍

- ✪日商簿記検定
- ✪建設業経理士
- ✪全経簿記上級
- ✪税　理　士
- ✪公認会計士
- ✪社会保険労務士
- ✪中小企業診断士
- ✪証券アナリスト

- ✪ファイナンシャルプランナー(FP)
- ✪証券外務員
- ✪貸金業務取扱主任者
- ✪不動産鑑定士
- ✪宅地建物取引士
- ✪賃貸不動産経営管理士
- ✪マンション管理士
- ✪管理業務主任者

- ✪司法書士
- ✪行政書士
- ✪司法試験
- ✪弁理士
- ✪公務員試験(大卒程度・高卒者)
- ✪情報処理試験
- ✪介護福祉士
- ✪ケアマネジャー
- ✪電験三種　ほか

実務書・ビジネス書

- ✪会計実務、税法、税務、経理
- ✪総務、労務、人事
- ✪ビジネススキル、マナー、就職、自己啓発
- ✪資格取得者の開業法、仕事術、営業術

一般書・エンタメ書

- ✪ファッション
- ✪エッセイ、レシピ
- ✪スポーツ
- ✪旅行ガイド (おとな旅プレミアム/旅コン)

TAC出版

(2024年2月現在)

書籍のご購入は

1 全国の書店、大学生協、ネット書店で

2 TAC各校の書籍コーナーで

資格の学校TACの校舎は全国に展開！
校舎のご確認はホームページにて

資格の学校TAC ホームページ
https://www.tac-school.co.jp

3 TAC出版書籍販売サイトで

CYBER TAC出版書籍販売サイト
BOOK STORE

TAC 出版 で 検索

24時間ご注文受付中

https://bookstore.tac-school.co.jp/

- 新刊情報をいち早くチェック！
- たっぷり読める立ち読み機能
- 学習お役立ちの特設ページも充実！

TAC出版書籍販売サイト「サイバーブックストア」では、TAC出版および早稲田経営出版から刊行されている、すべての最新書籍をお取り扱いしています。

また、会員登録（無料）をしていただくことで、会員様限定キャンペーンのほか、送料無料サービス、メールマガジン配信サービス、マイページのご利用など、うれしい特典がたくさん受けられます。

サイバーブックストア会員は、特典がいっぱい！ (一部抜粋)

通常、1万円（税込）未満のご注文につきましては、送料・手数料として500円（全国一律・税込）頂戴しておりますが、1冊から無料となります。

専用の「マイページ」は、「購入履歴・配送状況の確認」のほか、「ほしいものリスト」や「マイフォルダ」など、便利な機能が満載です。

メールマガジンでは、キャンペーンやおすすめ書籍、新刊情報のほか、「電子ブック版TACNEWS（ダイジェスト版）」をお届けします。

書籍の発売を、販売開始当日にメールにてお知らせします。これなら買い忘れの心配もありません。

日商簿記検定試験対策書籍のご案内

TAC出版の日商簿記検定試験対策書籍は、学習の各段階に対応していますので、あなたの
ステップに応じて、合格に向けてご活用ください!

3タイプのインプット教材

1

簿記を専門的な知識に
していきたい方向け

● 満点合格を目指し
次の級への土台を築く

「合格テキスト」

「合格トレーニング」

● 大判のB5判、3級〜1級累計300万部超の、信頼の定番テキスト&トレーニング!
TACの教室でも使用している公式テキストです。3級のみオールカラー。
● 出題論点はすべて網羅しているので、簿記をきちんと学んでいきたい方にぴったりです
◆3級 □2級 商簿、2級 工簿 ■1級 商・会 各3点、1級 工・原 各3点

2

スタンダードにメリハリ
つけて学びたい方向け

● 教室講義のような
わかりやすさでしっかり学べる

「簿記の教科書」

「簿記の問題集」

滝澤 ななみ 著

● A5判、4色オールカラーのテキスト（2級・3級のみ）&模擬試験つき問題集!
● 豊富な図解と実例つきのわかりやすい説明で、もうモヤモヤしない!!
◆3級 □2級 商簿、2級 工簿 ■1級 商・会 各3点、1級 工・原 各3点

3

気軽に始めて、早く全体像を
つかみたい方向け

● 初学者でも楽しく続けられる!

「スッキリわかる」

テキスト／問題集一体型

滝澤 ななみ 著（1級は商・会のみ）

● 小型のA5判（4色オールカラー）によるテキスト
／問題集一体型。これ一冊でOKの、圧倒的に
人気の教材です。
● 豊富なイラストとわかりやすいレイアウト! か
わいいキャラの「ゴエモン」と一緒に楽しく学
べます。

◆3級 □2級 商簿、2級 工簿
■1級 商・会 4点、1級 工・原 4点

「スッキリうかる本試験予想問題集」
滝澤 ななみ 監修　TAC出版開発グループ 編著

● 本試験タイプの予想問題9回分を掲載
◆3級 □2級

書籍の正誤に関するご確認とお問合せについて

書籍の記載内容に誤りではないかと思われる箇所がございましたら、以下の手順にてご確認とお問合せを
してくださいますよう、お願い申し上げます。

なお、正誤のお問合せ以外の書籍内容に関する解説および受験指導などは、一切行っておりません。
そのようなお問合せにつきましては、お答えいたしかねますので、あらかじめご了承ください。

1 「Cyber Book Store」にて正誤表を確認する

TAC出版書籍販売サイト「Cyber Book Store」の
トップページ内「正誤表」コーナーにて、正誤表をご確認ください。

CYBER TAC出版書籍販売サイト
BOOK STORE

URL:https://bookstore.tac-school.co.jp/

2 1の正誤表がない、あるいは正誤表に該当箇所の記載がない
⇒ 下記①、②のどちらかの方法で文書にて問合せをする

★ご注意ください★

お電話でのお問合せは、お受けいたしません。

①、②のどちらの方法でも、お問合せの際には、「お名前」とともに、
「対象の書籍名(○級・第○回対策も含む)およびその版数(第○版・○○年度版など)」
「お問合せ該当箇所の頁数と行数」
「誤りと思われる記載」
「正しいとお考えになる記載とその根拠」
を明記してください。

なお、回答までに1週間前後を要する場合もございます。あらかじめご了承ください。

---

① ウェブページ「Cyber Book Store」内の「お問合せフォーム」より問合せをする

【お問合せフォームアドレス】

https://bookstore.tac-school.co.jp/inquiry/

---

② メールにより問合せをする

【メール宛先　TAC出版】

syuppan-h@tac-school.co.jp

※土日祝日はお問合せ対応をおこなっておりません。
※正誤のお問合せ対応は、該当書籍の改訂版刊行月末日までといたします。

乱丁・落丁による交換は、該当書籍の改訂版刊行月末日までといたします。なお、書籍の在庫状況等
により、お受けできない場合もございます。
また、各種本試験の実施の延期、中止を理由とした本書の返品はお受けいたしません。返金もいたし
かねますので、あらかじめご了承くださいますようお願い申し上げます。

簿記の問題集 日商3級

問題編 答案用紙
（第1問対策～第3問対策）

『簿記の問題集 日商3級』の問題編の答案用紙です。

〈別冊ご利用時の注意〉

この色紙を残したまま冊子をていねいに抜き取り、留め具を外さない状態で、
ご利用ください。また、抜き取りの際の損傷についてのお取替えはご遠慮願います。

留め具は外さないでください。

簿記の問題集 日商3級
問題編 答案用紙
（第1問対策～第3問対策）

なお、答案用紙については、ダウンロードでもご利用いただけます。
TAC出版書籍販売サイト・サイバーブックストアにアクセスしてください。

https://bookstore.tac-school.co.jp/

簿記の問題集　日商３級
問題編　答案用紙
（第１問対策〜第３問対策）

商品売買

	借　　方		貸　　方	
	記　　号	金　　額	記　　号	金　　額
1	（　　）		（　　）	
	（　　）		（　　）	
	（　　）		（　　）	
2	（　　）		（　　）	
	（　　）		（　　）	
3	（　　）		（　　）	
	（　　）		（　　）	
4	（　　）		（　　）	
	（　　）		（　　）	
5	（　　）		（　　）	
	（　　）		（　　）	
6	（　　）		（　　）	
	（　　）		（　　）	
	（　　）		（　　）	
7	（　　）		（　　）	
	（　　）		（　　）	
8	（　　）		（　　）	
	（　　）		（　　）	

	借	方	貸	方
	記　　号	金　　額	記　　号	金　　額
1	（　　　　）		（　　　　）	
	（　　　　）		（　　　　）	
	（　　　　）		（　　　　）	
2	（　　　　）		（　　　　）	
	（　　　　）		（　　　　）	
	（　　　　）		（　　　　）	
3	（　　　　）		（　　　　）	
	（　　　　）		（　　　　）	
	（　　　　）		（　　　　）	
4	（　　　　）		（　　　　）	
	（　　　　）		（　　　　）	
	（　　　　）		（　　　　）	
	（　　　　）		（　　　　）	
5	（　　　　）		（　　　　）	
	（　　　　）		（　　　　）	
	（　　　　）		（　　　　）	
6	（　　　　）		（　　　　）	
	（　　　　）		（　　　　）	
	（　　　　）		（　　　　）	

	借　　　方		貸　　　方	
	記　　号	金　　額	記　　号	金　　額
1	（　　　）		（　　　）	
	（　　　）		（　　　）	
	（　　　）		（　　　）	
2	（　　　）		（　　　）	
	（　　　）		（　　　）	
	（　　　）		（　　　）	
3	（　　　）		（　　　）	
	（　　　）		（　　　）	
	（　　　）		（　　　）	
4	（　　　）		（　　　）	
	（　　　）		（　　　）	
	（　　　）		（　　　）	
5	（　　　）		（　　　）	
	（　　　）		（　　　）	
	（　　　）		（　　　）	

有形固定資産

	借	方	貸	方
	記　号	金　　額	記　号	金　　額
1	（　　）		（　　）	
	（　　）		（　　）	
	（　　）		（　　）	
2	（　　）		（　　）	
	（　　）		（　　）	
	（　　）		（　　）	
3	（　　）		（　　）	
	（　　）		（　　）	
	（　　）		（　　）	
4	（　　）		（　　）	
	（　　）		（　　）	
	（　　）		（　　）	
5	（　　）		（　　）	
	（　　）		（　　）	
	（　　）		（　　）	
6	（　　）		（　　）	
	（　　）		（　　）	
	（　　）		（　　）	

その他の取引−Ⅰ

	借	方	貸	方
	記　　号	金　　額	記　　号	金　　額
1	（　　　）		（　　　）	
	（　　　）		（　　　）	
	（　　　）		（　　　）	
2	（　　　）		（　　　）	
	（　　　）		（　　　）	
	（　　　）		（　　　）	
3	（　　　）		（　　　）	
	（　　　）		（　　　）	
	（　　　）		（　　　）	
4	（　　　）		（　　　）	
	（　　　）		（　　　）	
	（　　　）		（　　　）	
5	（　　　）		（　　　）	
	（　　　）		（　　　）	
	（　　　）		（　　　）	
6	（　　　）		（　　　）	
	（　　　）		（　　　）	
	（　　　）		（　　　）	
7	（　　　）		（　　　）	
	（　　　）		（　　　）	
	（　　　）		（　　　）	

	借	方	貸	方
	記 号	金 額	記 号	金 額
8	( )		( )	
	( )		( )	
	( )		( )	
9	( )		( )	
	( )		( )	
	( )		( )	
10	( )		( )	
	( )		( )	
	( )		( )	
11	( )		( )	
	( )		( )	
	( )		( )	
12	( )		( )	
	( )		( )	
	( )		( )	
13	( )		( )	
	( )		( )	
	( )		( )	
14	( )		( )	
	( )		( )	
	( )		( )	
15	( )		( )	
	( )		( )	
	( )		( )	

その他の取引−Ⅱ

	借 方		貸 方	
	記　　　号	金　　額	記　　　号	金　　額
1	（　　　）		（　　　）	
	（　　　）		（　　　）	
	（　　　）		（　　　）	
2	（　　　）		（　　　）	
	（　　　）		（　　　）	
	（　　　）		（　　　）	
3	（　　　）		（　　　）	
	（　　　）		（　　　）	
	（　　　）		（　　　）	
4	（　　　）		（　　　）	
	（　　　）		（　　　）	
	（　　　）		（　　　）	
5	（　　　）		（　　　）	
	（　　　）		（　　　）	
	（　　　）		（　　　）	
6	（　　　）		（　　　）	
	（　　　）		（　　　）	
	（　　　）		（　　　）	
7	（　　　）		（　　　）	
	（　　　）		（　　　）	
	（　　　）		（　　　）	

	借　　　方		貸　　　方	
	記　　号	金　　額	記　　号	金　　額
8	（　　　）		（　　　）	
	（　　　）		（　　　）	
	（　　　）		（　　　）	
9	（　　　）		（　　　）	
	（　　　）		（　　　）	
	（　　　）		（　　　）	
10	（　　　）		（　　　）	
	（　　　）		（　　　）	
	（　　　）		（　　　）	
11	（　　　）		（　　　）	
	（　　　）		（　　　）	
	（　　　）		（　　　）	
12	（　　　）		（　　　）	
	（　　　）		（　　　）	
	（　　　）		（　　　）	
13	（　　　）		（　　　）	
	（　　　）		（　　　）	
	（　　　）		（　　　）	
14	（　　　）		（　　　）	
	（　　　）		（　　　）	
	（　　　）		（　　　）	
15	（　　　）		（　　　）	
	（　　　）		（　　　）	
	（　　　）		（　　　）	

決算に関する取引等

	借　　方		貸　　方	
	記　号	金　　額	記　号	金　　額
1	（　　）		（　　）	
	（　　）		（　　）	
2	（　　）		（　　）	
	（　　）		（　　）	
3	（　　）		（　　）	
	（　　）		（　　）	
4	（　　）		（　　）	
	（　　）		（　　）	
5	（　　）		（　　）	
	（　　）		（　　）	
6	（　　）		（　　）	
	（　　）		（　　）	
7	（　　）		（　　）	
	（　　）		（　　）	
8	（　　）		（　　）	
	（　　）		（　　）	
9	（　　）		（　　）	
	（　　）		（　　）	
10	（　　）		（　　）	
	（　　）		（　　）	

	借	方	貸	方
	記　号	金　額	記　号	金　額
11	(　　)		(　　)	
	(　　)		(　　)	
12	(　　)		(　　)	
	(　　)		(　　)	
13	(　　)		(　　)	
	(　　)		(　　)	
14	(　　)		(　　)	
	(　　)		(　　)	

伝票の起票

	借	方	貸	方
	記　号	金　額	記　号	金　額
1	(　　)		(　　)	
	(　　)		(　　)	
	(　　)		(　　)	
2	(　　)		(　　)	
	(　　)		(　　)	
	(　　)		(　　)	

補助簿 ＼ 取引	(1)	(2)	(3)	(4)	(5)	(6)
ア．現 金 出 納 帳	ア	ア	ア	ア	ア	ア
イ．当 座 預 金 出 納 帳	イ	イ	イ	イ	イ	イ
ウ．仕 　 入 　 帳	ウ	ウ	ウ	ウ	ウ	ウ
エ．売 　 上 　 帳	エ	エ	エ	エ	エ	エ
オ．商 品 有 高 帳	オ	オ	オ	オ	オ	オ
カ．売 掛 金 元 帳	カ	カ	カ	カ	カ	カ
キ．買 掛 金 元 帳	キ	キ	キ	キ	キ	キ
ク．受 取 手 形 記 入 帳	ク	ク	ク	ク	ク	ク
ケ．支 払 手 形 記 入 帳	ケ	ケ	ケ	ケ	ケ	ケ
コ．固 定 資 産 台 帳	コ	コ	コ	コ	コ	コ

問1　8日 _____つ　　　　20日 _____つ

問2　当座預金勘定の残高　¥_____（借方・貸方）残高

保　険　料

（　　）（　　　　）（　　　）	3／31 （　　　　）（　　　）
	〃　（　　　　）（　　　）
（　　　　）	（　　　　）

前 払 保 険 料

3／31 （　　　　）（　　　）	3／31 （　　　　）（　　　）

　　　　　　　　　　勘定記入－Ⅱ

ア	イ	ウ	エ	オ
カ	キ	ク	ケ	コ

　　　　　　　　　　勘定記入－Ⅲ

支　払　利　息

（　　）［　　　　　］〈　　　　　　　〉	（　　）［　　　　　］〈　　　　　　　〉
（　　）［　　　　　］〈　　　　　　　〉	（　　）［　　　　　］〈　　　　　　　〉
（　　）［　　　　　］〈　　　　　　　〉	（　　）［　　　　　］〈　　　　　　　〉
〈　　　　　　　〉	〈　　　　　　　〉

□□□　利　息

（　　）［　　　　　］〈　　　　　　　〉	（　　）［　　　　　］〈　　　　　　　〉
（　　）［　　　　　］〈　　　　　　　〉	（　　）［　　　　　］〈　　　　　　　〉
〈　　　　　　　〉	〈　　　　　　　〉

勘定記入-Ⅳ

仮払法人税等

( ) [	] 〈 〉	( ) [	] 〈 〉

未払法人税等

( ) [	] 〈 〉	( ) [	] 〈 〉
( ) [	] 〈 〉	( ) [	] 〈 〉
	〈 〉		〈 〉

法人税等

( ) [	] 〈 〉	( ) [	] 〈 〉

損　　　益

3/31 仕　　　入	2,340,000	3/31 売　　　上	5,800,000
3/31 その他費用	2,110,000	( ) [	] 〈 〉
( ) [	] 〈 〉	( ) [	] 〈 〉
( ) [	] 〈 〉	( ) [	] 〈 〉
	〈 〉		〈 〉

勘定記入-Ⅴ

①	②	③	④	⑤

　　　　　　　　　　勘定記入－Ⅵ

備　　　品

4／1	前 期 繰 越	〈　　　　〉	（　　）［　　　　　］	〈　　　　　〉
7／1	当 座 預 金	〈　　　　〉	（　　）［　　　　　］	〈　　　　　〉
		〈　　　　〉		〈　　　　　〉

備品減価償却累計額

（　　）［　　　　　］	〈　　　　〉	（　　）［　　　　　］	〈　　　　　〉
（　　）［　　　　　］	〈　　　　〉	（　　）［　　　　　］	〈　　　　　〉
	〈　　　　〉		〈　　　　　〉

減 価 償 却 費

| （　　）［　　　　　］ | 〈　　　　〉 | （　　）［　　　　　］ | 〈　　　　　〉 |

　　　　　　　　　　勘定記入－Ⅶ

①	②	③	④	⑤

商品有高帳－Ⅰ

商　品　有　高　帳
商　品　甲

（先入先出法）

日付		摘　要	受　入			払　出			残　高		
			数量	単価	金額	数量	単価	金額	数量	単価	金額
5	1	前月繰越	10	300	3,000				10	300	3,000
	10	仕　　入									
	14	売　　上									
	20	仕　　入									
	22	仕入戻し									
	24	売　　上									
	31	次月繰越									
				－			－				
6	1	前月繰越									

商品有高帳－Ⅱ

問1

商 品 有 高 帳

（移動平均法）　　　　　　　　商 品　　A

日付		摘　要	受　入			払　出			残　高		
			数量	単価	金額	数量	単価	金額	数量	単価	金額
6	1	前月繰越	20	200	4,000				20	200	4,000
	8	仕　　　入									
	10	売　　　上									
	15	仕　　　入									
	20	売　　　上									
	26	仕　　　入									
	28	仕入戻し									
	30	次月繰越									
				－			－				
7	1	前月繰越									

問2

売上総利益の計算

売　上　高　　（　　　　　　　）
売　上　原　価　　（　　　　　　　）
売　上　総　利　益　　（　　　　　　　）

小 口 現 金 出 納 帳

受　　入	×5年		摘　　要	支　　払	内　　　　訳			
					旅費交通費	消耗品費	通信費	雑　費
30,000	4	3	小　切　手					
		〃	電　車　代	3,500				
		4	ボールペン代	1,000				
		〃	郵便切手代	1,600				
		5	新　聞　代	3,400				
		〃	コピー用紙代	2,100				
		6	タクシー代	4,400				
		〃	お茶菓子代	2,700				
		7	電　話　代	4,200				
		〃	バ　ス　代	800				
			合　　計					
		〃	次 週 繰 越					
	4	10	前 週 繰 越					
		〃	小　切　手					

日付	借　　　　方		貸　　　　方	
	記　　号	金　　額	記　　号	金　　額
4 / 7	（　　　）		（　　　）	
	（　　　）		（　　　）	
	（　　　）		（　　　）	
	（　　　）		（　　　）	
4 /10	（　　　）		（　　　）	
	（　　　）		（　　　）	
	（　　　）		（　　　）	

18

手形記入帳－Ⅰ

帳簿の名称：(　　　　　　)記入帳

取引の仕訳

日付	借 方		貸 方	
	記　号	金　額	記　号	金　額
9 /15	(　　　)		(　　　)	
10/ 5	(　　　)		(　　　)	
12/15	(　　　)		(　　　)	

手形記入帳－Ⅱ

帳簿の名称：(　　　　　　)記入帳

取引の仕訳

日付	借 方		貸 方	
	記　号	金　額	記　号	金　額
4 /10	(　　　)		(　　　)	
5 /15	(　　　)		(　　　)	
7 /10	(　　　)		(　　　)	

売掛金元帳・買掛金元帳

5月31日時点の残高

島根商事：¥_____　　　広島商事：¥_____

決算仕訳

	借 方		貸 方	
	記　　号	金　　額	記　　号	金　　額
1	(　　　　)		(　　　　)	
2	(　　　　)		(　　　　)	
3	(　　　　)		(　　　　)	
4	(　　　　)		(　　　　)	

証ひょうからの読み取り

	借 方		貸 方	
	記　　号	金　　額	記　　号	金　　額
8.20	(　　　　)		(　　　　)	
	(　　　　)		(　　　　)	
8.21	(　　　　)		(　　　　)	
	(　　　　)		(　　　　)	
8.22	(　　　　)		(　　　　)	
	(　　　　)		(　　　　)	
8.25	(　　　　)		(　　　　)	
	(　　　　)		(　　　　)	

1.

入　金　伝　票	
科　　　　　目	金　　　額
土　　　　　地	200,000

振　替　伝　票			
借 方 科 目	金　　　額	貸 方 科 目	金　　　額
［　　　　　］	（　　　　　　）	［　　　　　］	（　　　　　　）
		［　　　　　］	（　　　　　　）

2.

入　金　伝　票	
科　　　　　目	金　　　額
売　　掛　　金	100,000

振　替　伝　票			
借 方 科 目	金　　　額	貸 方 科 目	金　　　額
［　　　　　］	（　　　　　　）	［　　　　　］	（　　　　　　）

伝票－Ⅱ

	借　　方		貸　　方	
	記　　号	金　　額	記　　号	金　　額
問1	（　　　）		（　　　）	
	（　　　）		（　　　）	
	（　　　）		（　　　）	
問2	（　　　）		（　　　）	
	（　　　）		（　　　）	
	（　　　）		（　　　）	

仕訳日計表

(1)

仕　訳　日　計　表
×1年11月1日

借　　方	勘　定　科　目	貸　　方
	現　　　　　　金	
	売　　掛　　金	
	買　　掛　　金	
	売　　　　　　上	
	受　取　手　数　料	
	仕　　　　　　入	

(2)　出金伝票№202と振替伝票№302に記録された取引で仕入れた商品の金額

¥（　　　　　　　）

22

①	②	③	④	⑤

⑥	⑦	⑧

　　　　　　　　　精算表の作成

精 算 表

勘 定 科 目	試 算 表 借 方	試 算 表 貸 方	修 正 記 入 借 方	修 正 記 入 貸 方	損益計算書 借 方	損益計算書 貸 方	貸借対照表 借 方	貸借対照表 貸 方
現　　　　　金	24,300							
当 座 預 金	52,000							
受 取 手 形	36,000							
売 　掛 　金	44,000							
繰 越 商 品	81,000							
貸 　付 　金	20,000							
建　　　　物	60,000							
備　　　　品	50,000							
支 払 手 形		22,000						
買 　掛 　金		35,200						
仮 　受 　金		2,400						
借 　入 　金		50,000						
貸 倒 引 当 金		700						
建物減価償却累計額		21,600						
備品減価償却累計額		20,000						
資 　本 　金		100,000						
繰越利益剰余金		80,000						
売　　　　上		667,700						
受 取 利 息		700						
仕　　　　入	490,300							
給　　　　料	72,000							
通 　信 　費	1,800							
支 払 家 賃	44,000							
保 　険 　料	24,000							
支 払 利 息	900							
	1,000,300	1,000,300						
雑　（　　　）								
前 　受 　金								
貸倒引当金繰入								
（　　　　　）								
減 価 償 却 費								
（　　　）家 　賃								
（　　　）保 険 料								
（　　　）利 　息								
当 期 純（　　　）								

24

財務諸表の作成－Ⅰ

損益計算書
×2年4月1日から×3年3月31日まで　　　　（単位：円）

売上原価	（　　　）	売上高	（　　　）
給　料	（　　　）	受取利息	（　　　）
支払家賃	（　　　）	（　　　　　　）	（　　　）
保険料	（　　　）		
貸倒引当金繰入	（　　　）		
（　　　　）	（　　　）		
支払利息	（　　　）		
固定資産（　　）	（　　　）		
法人税等	（　　　）		
当期純利益	（　　　）		
	（　　　）		（　　　）

貸借対照表
×3年3月31日　　　　（単位：円）

現　金		（　　　）	買掛金	（　　　）
当座預金		（　　　）	借入金	（　　　）
売掛金	（　　　）		（　　　）費用	（　　　）
貸倒引当金	（　　　）	（　　　）	未払消費税	（　　　）
商　品		（　　　）	未払法人税等	（　　　）
（　　）収益		（　　　）	資本金	（　　　）
（　　）費用		（　　　）	繰越利益剰余金	（　　　）
貸付金		（　　　）		
備　品	（　　　）			
減価償却累計額	（　　　）	（　　　）		
		（　　　）		（　　　）

財務諸表の作成－Ⅱ

損 益 計 算 書
×6年4月1日から×7年3月31日まで　　　　　（単位：円）

費　　　用	金　　額	収　　益	金　　額
売 上 原 価	（　　　　　）	売　上　高	（　　　　　）
給　　　料	（　　　　　）	受 取 手 数 料	（　　　　　）
保　険　料	（　　　　　）		
通　信　費	（　　　　　）		
水 道 光 熱 費	（　　　　　）		
法 定 福 利 費	（　　　　　）		
貸倒引当金繰入	（　　　　　）		
減 価 償 却 費	（　　　　　）		
（　　　　　　）	（　　　　　）		
支 払 利 息	（　　　　　）		
法人税,住民税及び事業税	（　　　　　）		
当 期 純（　　　）	（　　　　　）		
	（　　　　　）		（　　　　　）

貸 借 対 照 表
×7年3月31日　　　　　（単位：円）

資　　　産	金　　額	負債・純資産	金　　額
現 金 預 金	（　　　　　）	支 払 手 形	（　　　　　）
受 取 手 形	（　　　　）	買　掛　金	（　　　　　）
貸 倒 引 当 金	（　　　）（　　　）	借　入　金	（　　　　　）
売　掛　金	（　　　　）	未 払 費 用	（　　　　　）
貸 倒 引 当 金	（　　　）（　　　）	未 払 法 人 税 等	（　　　　　）
商　　　品	（　　　　　）	資　本　金	（　　　　　）
貯　蔵　品	（　　　　　）	繰越利益剰余金	（　　　　　）
前 払 費 用	（　　　　　）		
建　　　物	（　　　　）		
減価償却累計額	（　　　）（　　　）		
備　　　品	（　　　　）		
減価償却累計額	（　　　）（　　　）		
	（　　　　　）		（　　　　　）

決算整理後残高試算表
×6年3月31日

借　　方	勘　定　科　目	貸　　方
	現　　　　　　金	
	受　取　手　形	
	売　　掛　　金	
	繰　越　商　品	
	（　　　　　　　）	
	貸　　付　　金	
	（　　　）利　息	
	（　　　）保険料	
	建　　　　　　物	
	備　　　　　　品	
	支　払　手　形	
	買　　掛　　金	
	前　　受　　金	
	未　　払　　金	
	借　　入　　金	
	（　　　）家　賃	
	貸　倒　引　当　金	
	建物減価償却累計額	
	備品減価償却累計額	
	資　　本　　金	
	繰越利益剰余金	
	売　　　　　　上	
	受　取　家　賃	
	受　取　利　息	
	仕　　　　　　入	
	給　　　　　　料	
	旅　費　交　通　費	
	租　税　公　課	
	保　　険　　料	
	貸倒引当金繰入	
	減　価　償　却　費	

簿記の問題集　日商3級

模擬試験
第1回〜第3回

この冊子には、模擬試験の問題および答案用紙が収載されています。

別冊の使い方

Step ❶ この色紙を残したまま、ていねいに抜き取ってください。色紙は、本体からとれませんので、ご注意ください。

色紙
本体

Step ❷ 抜き取った用紙を針金のついているページでしっかりと開き、工具を使用して、針金を外してください。針金で負傷しないよう、お気をつけください。

針金

Step ❸ アイテムごとに分けて、お使いください。

第3回答案用紙
第3回問題
第2回答案用紙
第2回問題
第1回答案用紙
第1回問題

なお、答案用紙はダウンロードでもご利用いただけます。
TAC出版書籍販売サイト・サイバーブックストアにアクセスしてください。

https://bookstore.tac-school.co.jp/

第1問 (45点)

下記の各取引について仕訳しなさい。ただし、勘定科目は、設問ごとに最も適当と思われるものを選び、答案用紙の（　）の中に記号で解答すること。

1. 小口現金係から、次の支払報告を受けたため、ただちに小切手を振り出して資金を補給した。なお、当社では定額資金前渡制度（インプレスト・システム）により、小口現金係より毎週金曜日に1週間分の支払報告を受け、これにもとづいて資金を補給している。

   通信費　¥8,500　　交通費　¥6,200　　消耗品費　¥3,150　　雑費　¥620

   ア．通信費　　　　　　イ．普通預金　　　　　　ウ．通信費
   エ．旅費交通費　　　　オ．消耗品費　　　　　　カ．雑費

2. 株主総会で、繰越利益剰余金¥800,000の一部を次のとおり処分することが承認された。

   株主配当金　¥500,000　　利益準備金の積み立て　¥50,000

   ア．普通預金　　　　　　イ．当座預金　　　　　　ウ．未払配当金
   エ．資本金　　　　　　　オ．利益準備金　　　　　カ．繰越利益剰余金

3. 売掛金¥300,000について、取引銀行から電子記録債権の発生記録があった旨の連絡を受けた。

   ア．当座預金　　　　　　イ．受取手形　　　　　　ウ．売掛金

9. 不用になった備品（取得原価¥300,000、前期末の減価償却累計額¥200,000、間接法で記帳）を当期首から3か月が経過した本日、¥40,000で売却し、代金は翌月に受け取ることとした。なお、この備品は定額法（残存価額ゼロ、耐用年数5年）で減価償却をしており、当期分の減価償却費については月割りで計上すること。
　　ア．未収入金　　　　イ．備品　　　　　　ウ．減価償却費
　　エ．固定資産売却益　オ．固定資産売却損　カ．備品減価償却累計額

10. 決算において、期中に借方に計上していた現金過不足¥3,000の原因を調査したところ、広告費¥4,000と受取手数料¥600の計上漏れがあることがわかった。残額は原因が不明なため、雑損または雑益に振り替える。
　　ア．現金　　　　　　イ．現金過不足　　　ウ．広告宣伝費
　　エ．受取手数料　　　オ．雑損　　　　　　カ．雑益

11. 従業員の給料から源泉徴収していた所得税¥120,000を普通預金口座から納付した。
　　ア．当座預金　　　　イ．普通預金　　　　ウ．従業員立替金
　　エ．所得税預り金　　オ．給料　　　　　　カ．未払金

12. 前期末において、未払利息¥5,000を計上していたので、当期首において、再振替仕訳を行った。
　　ア．繰越商品　　　　イ．未収利息　　　　ウ．未払利息
　　エ．支払利息　　　　オ．受取利息　　　　カ．損益

第2問（20点）

(1) 当社（決算日は3月31日）の以下の取引にもとづいて、答案用紙の各勘定に適切な記入を行いなさい。当期は×4年4月1日から×5年3月31日までの1年である。各勘定には、〈日付〉〈摘要〉〈金額〉の順に記入し、[摘要]については下記の[摘要]の中からもっとも適当と思われるものを選び、記号で解答すること。なお、借入れや返済、利息の支払いはすべて当座預金口座を通じて行っている。また、日付欄には配点はないので、記入しなくてもよいこととし、すべての空欄が埋まるとは限らない。

[摘要]
ア．損益　　　　　イ．支払利息　　　　ウ．未払利息　　　　エ．前期繰越
オ．次期繰越　　　カ．当座預金

[取引]
1．×3年7月1日、銀行から¥1,000,000を年利率2.4％、期間1年で借り入れた。なお、利息の支払いは半年ごと（12月末日、6月末日）に行う。

2．×3年12月31日、半年分の利息を支払った。

3．×4年3月31日、決算日につき、利息の未払計上をした。

4．×4年4月1日、期首につき、再振替仕訳を行った。

第3問 (35点)

次の [資料Ⅰ：決算整理前残高試算表] と [資料Ⅱ：決算修正事項] にもとづいて、答案用紙の損益計算書と貸借対照表を完成させなさい。なお、会計期間は×8年4月1日から×9年3月31日までの1年である。

[資料Ⅰ：決算整理前残高試算表]

決算整理前残高試算表
×9年3月31日

借 方	勘 定 科 目	貸 方
192,000	現　　　　　金	
1,115,300	当 座 預 金	
230,000	受 取 手 形	
140,000	売 掛 金	
595,000	繰 越 商 品	
178,000	仮 払 消 費 税	
60,000	仮 払 法 人 税 等	
1,000,000	土 地	
800,000	建 物	
200,000	備　　　　　品	

[資料Ⅱ：決算修正事項]

1. 決算において、現金の実際有高を調査したところ、帳簿残高よりも¥6,000少ないことが判明した。このうち¥5,000は広告宣伝費の記帳漏れであることが判明したが、残額は原因不明である。

2. 残高試算表の土地のうち¥200,000は売却済であったが、売却代金¥240,000を仮受金として処理しただけであることが判明した。

3. 受取手形および売掛金の期末残高に対して差額補充法により4%の貸倒引当金を設定する。

4. 期末商品棚卸高は¥635,000である。売上原価は仕入勘定で算定している。

第 1 問 （45点）

	借　　　方		貸　　　方	
	記　号	金　　額	記　号	金　　額
1	（　）（　） （　）（　） （　）（　） （　）（　）		（　）（　） （　）（　） （　）（　） （　）（　）	
2	（　）（　） （　）（　） （　）（　） （　）（　）		（　）（　） （　）（　） （　）（　） （　）（　）	
3	（　）（　） （　）（　） （　）（　）		（　）（　） （　）（　） （　）（　）	

（前ページより）

	借　方			貸　方		
	記	号	金　額	記	号	金　額
9	（　）（　）			（　）（　）		
	（　）（　）			（　）（　）		
	（　）（　）			（　）（　）		
	（　）（　）			（　）（　）		
10	（　）（　）			（　）（　）		
	（　）（　）			（　）（　）		
	（　）（　）			（　）（　）		
11	（　）（　）			（　）（　）		
	（　）（　）			（　）（　）		
	（　）（　）			（　）（　）		
12	（　）（　）			（　）（　）		
	（　）（　）			（　）（　）		

（1）

支　払　利　息

（　　）〔　　〕（　　）　　　（　　）〔　　〕（　　）
（　　）〔　　〕（　　）　　　（　　）〔　　〕（　　）
（　　）〔　　〕（　　）　　　（　　）〔　　〕（　　）

利　　息

（　　）〔　　〕（　　）　　　（　　）〔　　〕（　　）
（　　）〔　　〕（　　）　　　（　　）〔　　〕（　　）
（　　）〔　　〕（　　）　　　（　　）〔　　〕（　　）

（2）

補助簿　＼　取引	1	2	3	4
ア．現金出納帳	ア　イ	ア　イ	ア　イ	ア　イ
イ．当座預金出納帳	ア　イ	ア　イ	ア　イ	ア　イ

第3問 (35点)

損　益　計　算　書

x8年4月1日から x9年3月31日まで

(単位：円)

費　用	金　額	収　益	金　額
売 上 原 価	（　）	売 上 高	（　）
給 　 料	（　）	受 取 手 数 料	（　）
広 告 宣 伝 費	（　）	（　　　）	（　）
支 払 家 賃	（　）		
租 税 公 課	（　）		
貸倒引当金繰入	（　）		
減 価 償 却 費	（　）		
雑 　 損	（　）		
支 払 利 息	（　）		
法 人 税 等	（　）		
当 期 純（　　）	（　）		
	（　）		（　）

第2回 模擬試験 問題

第1問 （45点）

次の取引について仕訳しなさい。ただし、勘定科目は各取引の下の勘定科目から最も適当と思われるものを選び、記号で解答すること。

1. 商品（本体価格¥400,000）を売り上げ、代金は10%の消費税とともに掛けとした。なお、消費税については税抜方式で記帳する。

　ア．当座預金　　イ．売掛金　　ウ．仮受消費税
　エ．仮受消費税　オ．売上　　　カ．租税公課

2. 法人税等の中間申告を行い、法人税¥500,000、住民税¥150,000、事業税¥250,000を現金で納付した。

　ア．現金　　　　　　　　　　イ．仮払法人税等　　ウ．未払法人税等
　エ．法人税、住民税及び事業税　オ．損益　　　　　カ．繰越利益剰余金

3. 出張中の従業員から当座預金口座に¥100,000の入金があった。このうち¥40,000については、得意先から注文をさいに受け取った手付金であるが、残額については、詳細は不明である。

　ア．当座預金　　イ．売上　　ウ．売掛金
　エ．前払金　　　オ．前受金　カ．仮受金

4. 仕入帳品（1 ... 目の金額は¥200,000）の ... 割込価に ... 組合で支払った ... 勘定（一

9. 仕入先から商品¥100,000を仕入れ、代金は掛けとした。なお、引取り運賃¥1,000は現金で支払った。

　　ア．現金　　　　イ．当座預金　　　ウ．売掛金
　　エ．買掛金　　　オ．未払金　　　　カ．仕入

10. 得意先の倒産により、同店に対する売掛金（前期販売分）¥50,000が貸倒れとなった。なお、貸倒引当金の残高は¥30,000である。

　　ア．売掛金　　　　　　イ．貸倒引当金　　　ウ．売上
　　エ．償却債権取立益　　オ．貸倒引当金繰入　カ．貸倒損失

11. 広告料¥80,000を普通預金口座から支払った。そのさい、振込手数料¥300が同口座から引き落とされた。

　　ア．普通預金　　　イ．当座預金　　　ウ．広告宣伝費
　　エ．支払利息　　　オ．支払手数料　　カ．未払手数料

12. 倉庫を建てるために購入した土地について、整地作業が終了し、依頼した業者に整地費用¥100,000を小切手を振り出して支払った。

　　ア．現金　　　　イ．当座預金　　　ウ．普通預金
　　エ．建物　　　　オ．土地　　　　　カ．支払手数料

13. 当座預金口座を開設し、普通預金口座から¥500,000を預け入れた。

　　ア．現金　　　　イ．当座預金　　　ウ．普通預金

第2問 (20点)

(1) 次の6月中の商品Aに関する取引等にもとづいて、下記の各問に答えなさい。

6月1日　前月繰越　20個　@¥410
　　6日　掛け仕入　30個　@¥400
　　10日　掛け売上　40個　@¥650
　　18日　掛け仕入　70個　@¥420
　　22日　掛け売上　45個　@¥680

問1　商品Aについて商品有高帳を作成し、締め切りなさい。商品の払出単価の決定方法は移動平均法を採用する。

問2　6月の商品Aの純売上高と売上総利益を計算しなさい。

(2) 次の各問に答えなさい。

① 商品有高帳や仕入帳など、取引の明細を記入する帳簿の総称を（　　）という。（　　）にあてはまる用語を次の中から選び、記号で答えなさい。

ア．総勘定元帳　　　イ．仕訳帳　　　ウ．補助簿

第3問 (35点)

次の [期末修正事項等] にもとづいて、答案用紙の精算表を完成させなさい。なお、会計期間は×7年4月1日から×8年3月31日までの1年である。

[期末修正事項等]

1. 現金過不足のうち、¥14,000は広告宣伝費の記帳漏れであることが判明したが、そのほかの原因は不明であるため、決算において適切な勘定に振り替える。

2. 仮払金は従業員の出張のさいに旅費を概算払いしたもので、従業員は帰社しており、残金¥2,400を現金で受け取っているが、この取引が未処理である。

3. 仮受金は上記従業員が出張中に普通預金口座に振り込んだ金額であるが、従業員の帰社により、このうち¥20,000は得意先九州商事に対する売掛金の回収額であり、残額は四国商事から新たな注文を受けたさいの手付金であることが判明した。

4. 当座預金勘定の貸方残高を当座借越勘定に振り替える。なお、取引銀行とは借越限度額を¥200,000とする当座借越契約を結んでいる。

5. 受取手形および売掛金の期末残高に対して、3%の貸倒引当金を設定する(差額補充法)。

6. 期末商品棚卸高は¥294,000である。なお、売上原価は「仕入」の行で計算すること。

7. 通信費として計上した郵便切手のうち、期末において未使用分が¥6,400ある。

8. 建物および備品に対して、次の資料にもとづいて定額法により減価償却を行う。

第 1 問 （45点）

	記　号	借　　方	金　　額	記　号	貸　　方	金　　額
1	（　）（　）			（　）（　）		
	（　）（　）			（　）（　）		
2	（　）（　）			（　）（　）		
	（　）（　）			（　）（　）		
3	（　）（　）			（　）（　）		
	（　）（　）			（　）（　）		

（前ページより）

	借 方			貸 方		
	記 号	金 額		記 号	金 額	
9	（ ）（ ）			（ ）（ ）		
	（ ）（ ）			（ ）（ ）		
	（ ）（ ）			（ ）（ ）		
	（ ）（ ）			（ ）（ ）		
10	（ ）（ ）			（ ）（ ）		
	（ ）（ ）			（ ）（ ）		
	（ ）（ ）			（ ）（ ）		
	（ ）（ ）			（ ）（ ）		
11	（ ）（ ）			（ ）（ ）		
	（ ）（ ）			（ ）（ ）		
	（ ）（ ）			（ ）（ ）		
	（ ）（ ）			（ ）（ ）		
12	（ ）（ ）			（ ）（ ）		

第2問 (20点)

問1

(1)

（移動平均法）

商品有高帳

商品Ａ

日付		摘要	受　入			払　出			残　高		
			数量	単価	金額	数量	単価	金額	数量	単価	金額
6	1	前月繰越									
	30	次月繰越									
7	1	前月繰越									

問2　純売上高：（¥　　　　）

第3問 (35点)

精算表

勘定科目	試算表 借方	試算表 貸方	修正記入 借方	修正記入 貸方	損益計算書 借方	損益計算書 貸方	貸借対照表 借方	貸借対照表 貸方
現　　金	38,200							
現金過不足	5,500							
当座預金		40,000						
普通預金	724,000							
受取手形	215,000							
売掛金	345,000							
繰越商品	215,200							
仮払金	16,000							
建物	1,200,000							
備品	600,000							
土地	2,500,000							
支払手形		170,000						
買掛金		220,000						
仮受金		32,000						
前受金		10,000						

制限時間 60分
解答解説 179ページ

第1問 (45点)

次の取引について仕訳しなさい。ただし、勘定科目は各取引の下の勘定科目から最も適当と思われるものを選び、記号で解答すること。

1. 三嶋町商事㈱は、事業拡大にともない、四ツ谷不動産をかいして、市ヶ谷駅近辺の建物を¥4,280,000で購入し、代金は月末に支払うこととした。なお、登記料¥100,000と四ツ谷不動産への手数料¥280,000については、現金で支払った。

   ア. 現金　　　イ. 未収入金　　ウ. 建物
   エ. 備品　　　オ. 未払金　　　カ. 支払手数料

2. 甲銀行とA銀行に当座預金口座を開設し、甲銀行の当座預金口座に¥50,000、A銀行の当座預金口座に¥80,000の現金を預け入れた。なお、当社では、口座ごとに勘定を設定して管理している。

   ア. 現金　　　　　　イ. 普通預金甲銀行　ウ. 普通預金A銀行
   エ. 当座預金甲銀行　オ. 当座預金A銀行　カ. 売掛金

3. 従業員が出張から戻り、旅費の精算を行い、残金¥8,000を現金で受け取った。なお、従業員に対しては、出張にあたり、旅費の概算額¥70,000を渡していた。

   ア. 現金　　　イ. 前払金　　　ウ. 仮払金

9. 建物の改修工事を行い、￥2,000,000を普通預金口座から支払った。なお、このうち￥1,500,000は建物の価値を高めるための資本的支出であり、残りは機能を維持するための収益的な支出である。

ア．普通預金　　　　イ．建物　　　　　ウ．備品
エ．支払手数料　　　オ．支払家賃　　　カ．修繕費

10. 期首につき、前期末に貯蔵品として処理していた郵便切手￥3,000と収入印紙￥25,000を振り戻す処理をした。

ア．損益　　　　　　イ．貯蔵品　　　　ウ．支払手数料
エ．租税公課　　　　オ．通信費　　　　カ．雑損

11. 買掛金￥300,000を普通預金口座から仕入先の普通預金口座に支払った。なお、当社負担の振込手数料￥500も同口座から引き落とされた。

ア．当座預金　　　　イ．普通預金　　　ウ．買掛金
エ．支払利息　　　　オ．支払手数料　　カ．仕入

12. 取引先に￥400,000を期間8か月、年利率3.75％で貸し付け、同額の約束手形を受け取り、利息を差し引いた残額を普通預金口座から取引先の口座に振り込んだ。

ア．普通預金　　　　イ．受取利息　　　ウ．手形貸付金
エ．支払利息　　　　オ．支払手数料　　カ．手形借入金

13. 従業員の給与の支払いにあたって、給料総額￥1,000,000のうち、本人負担の社会保険料￥60,000と所得税の源泉徴収額￥50,000を差し引いた残額を普通預金口座から支払った。

第2問（20点）

(1) 以下の資料にもとづいて、答案用紙に記載された各勘定の空欄を埋めなさい。なお、摘要欄には次の中からもっとも適当と思われるものを選択し、記号で解答すること。また、日付欄には配点がないため、埋めなくてもよい。（　　）はすべて埋まるとは限らない。

摘要欄：

ア．普通預金　　イ．前期繰越　　ウ．法人税等　　エ．未払法人税等
オ．仮払法人税等　　カ．繰越利益剰余金　　キ．損益　　ク．諸口
ケ．次期繰越

[資　料]

1. 当社の会計期間は3月31日を決算日とする1年間である。
2. 法人税等の納付はすべて普通預金口座から行っている。
3. 前期の11月30日に法人税等の中間納付額¥250,000を納付した。
4. 前期末の決算において、法人税等¥540,000が確定し、中間納付額を控除した残額を未払法人税等として計上している。
5. 当期の5月29日に、前期に計上した未払法人税等の納付をした。

第3問 (35点)

次の [決算整理前残高試算表] と [決算整理事項等] にもとづいて、答案用紙の決算整理後残高試算表を完成しなさい。なお、会計期間は×8年4月1日から×9年3月31日までの1年である。

[決算整理前残高試算表]

決算整理前残高試算表
×9年3月31日

借　方	勘 定 科 目	貸　方
673,000	現　　　　金	
	当 座 預 金	80,000
2,160,000	普 通 預 金	
870,000	売 　掛　 金	
660,000	仮 払 消 費 税	
40,000	仮 払 法 人 税 等	
240,000	繰 越 商 品	
600,000	備 　　　品	
	買 　掛　 金	800,000
	仮 受 消 費 税	979,000
	借 　入　 金	1,000,000

[決算整理事項等]

1. 現金の決算整理前帳簿残高は¥673,000で、実際有高は¥679,000であったため、差額を雑損または雑益として処理する。

2. 決算日において、商品¥110,000 (税込価格) を掛けで販売していたが、これが未記帳であった。なお、消費税率を10%として消費税の処理も行うこと (税抜方式)。

3. 当座預金勘定の貸方残高全額を借入金勘定に振り替える。なお、取引銀行とは借越限度額を¥300,000とする当座借越契約を結んでいる。

4. 売掛金の期末残高に対して2%の貸倒引当金を設定する (差額補充法)。

第3回　模擬試験　答案用紙

第1問 （45点）

	借　方		貸　方	
	記　号	金　額	記　号	金　額
1	（　） （　）		（　） （　）	
	（　） （　）		（　） （　）	
2	（　） （　）		（　） （　）	
	（　） （　）		（　） （　）	
3	（　） （　）		（　） （　）	
	（　） （　）		（　） （　）	

（前ページより）

	借　　方			貸　　方		
	記 号	金 額		記 号	金 額	
9	（　）（　）（　）（　）			（　）（　）（　）		
10	（　）（　）（　）（　）			（　）（　）（　）		
11	（　）（　）（　）（　）			（　）（　）（　）		
12	（　）（　）（　）（　）			（　）（　）（　）		

(1)

仮払法人税等

（　　）	（　　）	（　　）	（　　）

未払法人税等

（　　）	（　　）	（　　）	（　　）
（　　）	（　　）	（　　）	（　　）

法人税等

（　　）	（　　）	（　　）	（　　）

損　益

3/31	仕　入	1,900,000	3/31	売　上	6,200,000
3/31	その他費用	2,250,000	（　　）	（　　）	（　　）
（　　）	（　　）	（　　）	（　　）	（　　）	（　　）
（　　）	（　　）	（　　）	（　　）	（　　）	（　　）

決算整理後残高試算表
x9年3月31日

借　方	勘定科目	貸　方
	現　金	
	普通預金	
	売掛金	
	繰越商品	
	（　　）家賃	
	備　品	
	買掛金	
	（　　）消費税	
	（　　）法人税等	
	（　　）利息	
	借入金	
	貸倒引当金	
	備品減価償却累計額	
	資本金	

5. 商品¥400,000を仕入れた。仕入代金のうち¥40,000は注文時に支払った手付金と相殺し、残額は掛けとした。

ア. 現金　　　　イ. 普通預金　　　ウ. 売掛金

エ. 受取商品券　オ. 売上　　　　　カ. 仕入

6. 郵便切手¥2,000と収入印紙¥20,000を購入し、現金で支払った。なお、ただちに使用した。

ア. 現金　　　　イ. 貯蔵品　　　　ウ. 消耗品費

エ. 通信費　　　オ. 買掛金　　　　カ. 租税公課

7. かねて手形を振り出して借り入れていた¥500,000の返済期限が到来し、同額が当座預金口座から引き落とされるとともに手形の返却を受けた。

ア. 当座預金　　イ. 受取手形　　　ウ. 手形貸付金

エ. 支払手形　　オ. 借入金　　　　カ. 手形借入金

8. オフィスビルの一室を1か月の家賃¥100,000で賃借する契約を結び、1か月分の家賃と敷金(家賃の2か月分)、不動産会社への仲介手数料(家賃の1か月分)を現金で支払った。

ア. 現金　　　　イ. 当座預金　　　ウ. 差入保証金

エ. 支払家賃　　オ. 支払手数料　　カ. 支払利息

14. 仮受金￥95,000は売掛金￥100,000を回収したものであることが判明した。なお、差額は手数料の支払いにかかるものである。

ア．仮払金　　　イ．仮受金　　　ウ．現金
エ．受取手数料　オ．支払手数料　カ．売掛金

15. 従業員が出張から戻り、次の報告書と領収書が提出されたとともに、以前に概算払いしていた￥20,000との差額を現金で受け取った。なお、電車運賃は領収書なしでも費用計上することにしている。

旅費交通費支払報告書　　　飯田一郎

移動先	手段等	領収書	金　額
高崎駅	電車	無	￥2,300
群馬商事	タクシー	有	￥1,800
観音ホテル	宿泊	有	￥11,000
帰社	電車	無	￥2,300
合計		合計	￥17,400

```
　　　領　収　書
　　運賃　￥1,800-

上記のとおり領収いたしました。
　　　　　　　　安心交通㈱
```

```
　　　領　収　書
　　金額　￥11,000-
但し、宿泊料として
上記のとおり領収いたしました。
　　　　　　　　観音ホテル
```

ア．現金　　イ．仮払金　　ウ．前払金
エ．立替金　オ．仮受金　　カ．旅費交通費

払いは半年ごと（12月末日、6月末日）に行う。

7．×4年12月31日、半年分の利息を支払った。

8．×5年3月31日、決算日につき、利息の未払計上をした。

(2) 大分商事は答案用紙に記載している補助簿を用いている。次の取引はどの補助簿に記入されるか、答案用紙の補助簿の記号に○印をつけなさい。

1．仕入先佐賀商事に対する掛代金￥300,000について、小切手を振り出して支払った。

2．備品￥250,000を購入し、代金は後日支払うこととした。なお、設置費用￥3,000は現金で支払った。

3．鹿児島商事に商品￥60,000を売り上げ、代金のうち￥50,000は鹿児島商事振出の約束手形を受け取り、残額は掛けとした。

4．さきに沖縄商事より掛けで仕入れた商品￥5,000について、品違いを理由に返品した。なお、代金は掛け代金から減額する。

より減価償却を行う。なお、備品のうち
¥120,000は当期の1月1日に購入したもの
で、減価償却費の計算は上記の条件にもとづ
き、月割りで行う。

6. 収入印紙を購入したさい、全額を費用計上
したが、このうち¥15,000が決算日現在未使
用であったため、貯蔵品勘定に振り替える。

7. 消費税の処理（税抜方式）を行う。

8. 家賃のうち¥100,000は次期の分なので前
払処理をする。

9. 借入金のうち¥100,000は当期の6月1日
に借入期間1年、利率年3％で借り入れたも
ので、利息は5月末日に支払うこととなって
いる。そのため、当期分の利息を月割りで未
払計上する。なお、これ以外の借入金にかか
る利息の処理は適正に行われている。

10. 当期の法人税等が¥192,000と計算されたので、仮払法人税等との差額を未払法人税等として
計上する。

借 入 金		250,000
仮 受 金		240,000
貸 倒 引 当 金		6,800
建物減価償却累計額		432,000
備品減価償却累計額		72,000
資 本 金		2,000,000
繰 越 利 益 剰 余 金		500,000
売 上		3,000,000
受 取 手 数 料		8,000
仕 入	1,780,000	
給 料	205,000	
広 告 宣 伝 費	80,000	
支 払 家 賃	340,000	
租 税 公 課	75,000	
支 払 利 息	6,000	
	7,096,300	7,096,300

4

（次ページに続く）

5	（ ）（ ）（ ）（ ）	（ ）（ ）（ ）（ ）
6	（ ）（ ）（ ）（ ）	（ ）（ ）（ ）（ ）
7	（ ）（ ）（ ）（ ）	（ ）（ ）（ ）（ ）
8	（ ）（ ）（ ）（ ）	（ ）（ ）（ ）（ ）

13			( ) ( )	
			( ) ( )	

14			( ) ( )	
			( ) ( )	
			( ) ( )	

15			( ) ( )	
			( ) ( )	
			( )	

キ. 買掛金元帳	キ	キ	キ	キ
ク. 受取手形記入帳	ク	ク	ク	ク
ケ. 支払手形記入帳	ケ	ケ	ケ	ケ
コ. 固定資産台帳	コ	コ	コ	コ

現　金　預　金	（　）	支　払　手　形	（　）
受　取　手　形	（　）	買　掛　金	（　）
貸　倒　引　当　金	（　）	借　入　金	（　）
売　掛　金	（　）	（　）費　用	（　）
貸　倒　引　当　金	（　）	未　払　消　費　税	（　）
商　品	（　）	未　払　法　人　税　等	（　）
（　）費　用	（　）	資　本　金	（　）
建　物	（　）	繰　越　利　益　剰　余　金	（　）
減価償却累計額	（　）		
備　品	（　）		
減価償却累計額	（　）		
土　地	（　）		

5. 従業員 5 名が負担すべき生命保険料 ¥50,000 を小切手を振り出して支払った。なお、この生命保険料は当月末において従業員の給料（総額 ¥1,250,000）から差し引くことにした。払込金額は全額普通預金口座に頂け入れられた。

　　ア．当座預金　　　イ．従業員立替金　　ウ．未払金
　　エ．従業員預り金　オ．保険料　　　　　カ．給料

6. 1 株あたり ¥50,000 で 80 株の株式を発行し、株式会社を設立した。なお、払込金額は全額普通預金口座に頂け入れられた。

　　ア．当座預金　イ．普通預金　ウ．建物
　　エ．資本金　　オ．利益準備金　カ．繰越利益剰余金

7. 仕入勘定で算定された売上原価 ¥250,000 を損益勘定に振り替えた。

　　ア．仕入　　イ．売上原価　ウ．売上
　　エ．損益　　オ．資本金　　カ．繰越利益剰余金

8. 取引銀行から借り入れていた ¥1,000,000 の支払期日が到来し、元金と利息の合計額を当座預金口座から返済した。借入利率は年 7.3% で借入期間は 150 日であった。1 年を 365 日として利息は日割りで計算する。

　　ア．当座預金　イ．未払金　　ウ．借入金
　　エ．受取利息　オ．支払利息　カ．支払手数料

エ．現金　　　　　　　　　オ．支払手数料　　　　カ．差入保証金

9

べき仕訳を答えなさい。

出 金 伝 票

科　目	金　額
仕　入	10,000

ア．現金　　　　　イ．当座預金　　　　ウ．売掛金
エ．買掛金　　　　オ．売上　　　　　　カ．仕入

15. 事務作業に使用する物品を購入し、品物とともに次の請求書を受け取った。なお、代金は後日支払うこととした。

請 求 書

株式会社熊谷商事　御中

株式会社深谷電器

品　物	数量	単価	金　額
デスクトップパソコン	2	300,000	￥600,000
プリンター用紙（500枚入）	10	400	￥4,000
設定費用	2	5,000	￥10,000
合計			￥614,000

×2年7月31日までに合計額を下記口座へお振込みください。
南西銀行××支店　普通　11122333　カ）フカヤデンキ

ア．未収入金　　　イ．備品　　　　　　ウ．未払金
エ．前受金　　　　オ．消耗品費　　　　カ．支払手数料

ア．減価償却費の計上

イ．残高試算表の作成

ウ．再振替仕訳

エ．当期純損益の繰越利益剰余金勘定への振り替え

オ．仕訳日計表の作成

③ 次のうち、商品有高帳に記入されないものはどれか。記号で答えなさい。

ア．売上代金の回収

イ．商品の購入

ウ．売上戻り

エ．付随費用の支払い

④ 次のうち、現金で処理しないものはどれか。記号で答えなさい。

ア．普通為替証書

イ．取引先が振り出した小切手

ウ．自己振出小切手

エ．紙幣・硬貨

受け取ることになっている。

10. 保険料は当期の8月1日に向こう1年分を前払いしたものである。

8	( )( )( )( )	( )( )( )( )
7	( )( )( )( )	( )( )( )( )
6	( )( )( )( )	( )( )( )( )
5	( )( )( )( )	( )( )( )( )

13		( )( )	( )( )
14		( )( )( )	( )( )( )
15		( )( )( )	( )( )( )

(2)

①	②	③	④

15

勘定科目					
資　本　金				4,000,000	
繰越利益剰余金				300,000	
売　　　上				3,111,000	
受　取　地　代				264,000	
仕　　　入	1,830,000				
給　　　料	680,000				
通　信　費	49,500				
旅　費　交　通　費	84,800				
広　告　宣　伝　費	201,000				
保　険　料	153,600				
	8,857,800	8,857,800			
雑（　　　）					
当　座　借　越					
貸倒引当金繰入					
（　　　）					
減　価　償　却　費					
（　　　）地代					
（　　　）保険料					
当　期　純（　　　）					

金過不足の雑益勘定または雑損勘定への振り替えは決算時に行っている。

ア．現金　　　　　　イ．仮払金　　　　　　ウ．仮受金

エ．雑益　　　　　　オ．雑損　　　　　　　カ．現金過不足

5. 消費税の確定申告で計算された¥120,000を普通預金口座から納付した。

ア．現金　　　　　　イ．普通預金　　　　　ウ．仮払消費税

エ．未払法人税等　　オ．未払消費税　　　　カ．仮受消費税

6. 中古車販売業を営む当社は、販売用の中古車を¥500,000で購入し、代金は掛けとした。

ア．車両運搬具　　　イ．仕入　　　　　　　ウ．売掛金

エ．買掛金　　　　　オ．未払金　　　　　　カ．支払手形

7. 従業員の健康保険料¥100,000を普通預金口座から納付した。このうち半分は従業員負担分で給料支払時に社会保険料預り金で処理していたものであり、残りの半分は会社負担分である。

ア．普通預金　　　　イ．給料　　　　　　　ウ．社会保険料預り金

エ．従業員立替金　　オ．法定福利費　　　　カ．租税公課

8. 以前注文を受けていた商品¥200,000を引き渡し、受注時に受け取っていた手付金¥50,000を差し引いた残額は掛けとした。

ア．現金　　　　　　イ．発送費　　　　　　ウ．前払金

エ．前受金　　　　　オ．売上　　　　　　　カ．売掛金

記の手形を受け取った。

約束手形
￥100,000

ア．現金　　　　　　イ．当座預金　　　　ウ．受取手形
エ．未収入金　　　　オ．売掛金　　　　　カ．売上

15. 以下の納付書にもとづき、普通預金口座から振り込んだ。

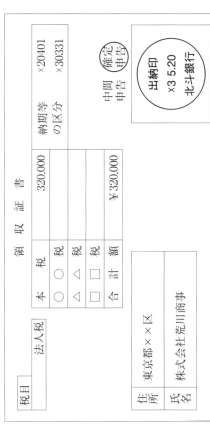

領　収　証　書

税目	法人税		
本　税		320,000	納期等 x20401
○○税			の区分 x30331
△△税			
□□税			中間申告 確定申告
合　計		￥320,000	

出納印
x3 5.20
北斗銀行

住所　東京都××区

氏名　株式会社荒川商事

ア．当座預金　　　　イ．普通預金　　　　ウ．仮払法人税等
エ．未払法人税等　　オ．未払消費税　　　カ．法人税、住民税及び事業税

(2) 当社は日々の取引を入金伝票、出金伝票、振替伝票に記入し、これを1日分ずつ集計して仕訳日計表を作成している。

下記に示した当社の11月1日の伝票にもとづいて、仕訳日計表を作成しなさい。

入金伝票	No.101
売 上	20,000

入金伝票	No.102
受取地代	5,000

出金伝票	No.201
仕 入	10,000

出金伝票	No.202
支払手数料	2,000

振替伝票	No.301
売掛金（青森商店）	30,000
売 上	30,000

振替伝票	No.302
仕 入	12,000
買掛金（岩手商店）	12,000

6. 備品について、残存価額ゼロ、耐用年数6年、定額法により減価償却を行う。

7. 消費税の処理(税抜方式)を行う。

8. 支払家賃は奇数月の月末に向こう2か月分として¥140,000を支払っている。

9. 支払利息は借入金¥1,000,000に対する利息であり、当期の12月31日(利払日)までの利息を計上している。なお、利払日後、借入金、借入金の金額に変動はなく、年利率3%によって利息の未払高を月割計上する。

10. 法人税等が¥124,000と計算されたので仮払法人税等との差額を未払法人税等として計上する。

勘定科目		
繰越利益剰余金		300,000
売上		9,790,000
仕入	6,600,000	
給料	1,530,000	
支払家賃	980,000	
広告宣伝費	265,000	
水道光熱費	128,000	
支払利息	15,000	
	14,761,000	14,761,000

（次ページに続く）

8	7	6	5
（　）	（　）	（　）	（　）
（　）	（　）	（　）	（　）
（　）	（　）	（　）	（　）
（　）	（　）	（　）	（　）

13				
14				
15				

仕 訳 日 計 表
×1年11月1日

借 方	勘 定 科 目	貸 方
	現 金	
	売 掛 金	
	買 掛 金	
	売 上	
	受 取 地 代	
	仕 入	
	支 払 手 数 料	

| 仕　　入 |
| 給　　料 |
| 支払家賃 |
| 広告宣伝費 |
| 水道光熱費 |
| 貸倒引当金繰入 |
| 減価償却費 |
| 支払利息 |
| 法人税等 |